高等教育艺术设计专业规划教材

Color
of Design

设计
色彩

龙银姣　巩尊珉　陈 雪 编著

总主编

肖　勇

中国轻工业出版社

图书在版编目（CIP）数据

设计色彩/龙银姣，巩尊珉，陈雪编著. —北京：中国轻工业出版社，2023.6

全国高等教育艺术设计专业规划教材

ISBN 978-7-5184-1880-0

Ⅰ.①设… Ⅱ.①龙…②巩…③陈… Ⅲ.①色彩学 Ⅳ.①J063

中国版本图书馆CIP数据核字（2018）第040923号

内容提要

本书从色彩绘画的入门知识、必备工具、基本技法开始，循序渐进地带领读者了解、学习设计色彩，既有传统色彩绘画创作的基本知识讲解，又有现代设计创新思维的训练内容，更注重培养读者独特的观察方法。从简单的静物、风景、人物，通过色彩的搭配、造型的抽象穿插的方式来表现，由浅入深，步步深入地剖析设计色彩绘画的步骤和要领。通过对大量设计色彩作品的欣赏，让读者掌握、积累丰富的设计色彩绘画方法与技巧。本书不仅能为读者打下良好的色彩基础，同时也提高了读者创意思维的能力。本书既是高等院校艺术设计专业教材，也是美术爱好者学习设计色彩的入门范本，还是力求提高色彩创意实际应用的美术类学生及专业人士的锦囊秘籍。

本书PPT课件放在每章里，请在计算机里阅读。

责任编辑：王　淳

文字编辑：朱利利　　责任终审：孟寿萱　　封面设计：锋尚设计
策划编辑：王　淳　　责任校对：晋　洁　　责任监印：张　可

出版发行：中国轻工业出版社（北京东长安街6号，邮编：100740）

印　　刷：艺堂印刷（天津）有限公司

经　　销：各地新华书店

版　　次：2023年6月第1版第3次印刷

开　　本：889×1194　1/16　印张：8

字　　数：250千字

书　　号：ISBN 978-7-5184-1880-0　定价：48.00元

邮购电话：010-65241695

发行电话：010-85119835　传真：85113293

网　　址：http://www.chlip.com.cn

Email：club@chlip.com.cn

如发现图书残缺请与我社邮购联系调换

230854J1C103ZBQ

前言 PREFACE

经过设计素描训练之后，设计色彩训练也应提上日程。设计作为人类为实现某种特定目的而进行的创造性活动，它包含着设想、运筹、计划与执行。设计的终极目的永远是功能性与审美性的高度统一。艺术设计中设计内容涉及实用功能、信息功能与审美功能，其形式是设计对象的造型、用材、色彩、表面处理和装饰。研究和学习设计色彩强调对自然色彩的成因及其变化规律的认识与把握，如对光与色的相关理论、视觉心理、色彩的感情因素等的研究。然而我们不能停止于这一层面，必须进而进入对物象色彩的解析与重组训练，包括色彩意象表达的训练，尤其是强调以主观色彩的表达和运用为目的的训练。设计色彩正是探索与研究如何利用色彩组合变化的原理来发掘人的理性思维和创造性思维。

绘画可以随心所欲地进行创作，不需要考虑特定的欣赏对象，强调的是个人的感情抒发。而设计作品则必须具体反映在特定的产品，包括包装、服装或特定的环境空间中，它将受到来自市场、客户、技术诸多因素的制约。从另一个角度来分析，绘画色彩训练强调写实表现，追求对自然物象的真实表达，而设计色彩并不局限于面对景物的写生，强调应有自由想象和创造的练习，强调创新思维的训练，追求的不是简单的模仿，而是对色彩有机的组织、配置与调度，使作品的色彩和表现形式更趋形式意味、设计意味。

对于一个富于想象力和创造力的设计师来说，它所具备的色彩知识绝不仅仅是通过传统意义的色彩训练，即准确表现客观物象的写实训练就可以获得的。对于培养设计师而言，首要任务是提高人们的生活品质，同时培养设计师的创新能力和创造能力，而不是塑造对客观事物的理解或再现能力，也不是对现存事物的描绘。从这个意义上来讲，绘画色彩与设计色彩属于两个不同的体系，在设计色彩的教学过程中，应当采取不同于传统绘画色彩学习的方法，提出一定的色彩创新理念。

本书在肖勇教授的指导下完成，本书中涉及的设计色彩图片由业界同行、同事、学生无私提供，经过严格筛选以后才与读者见面，在此表示衷心的感谢，希望对读者能起到实质性的参考作用。参与本书编写或提供图片的同仁如下：姚丹丽、柏雪、李平、张达、杨清、刘涛、万丹、汤留泉、刘星、胡文秀、向芷君、李帅、汪飞、张文轩、马文丹、史凡娟、祝旭东、王涛、袁朗、曹玉红、窦真、黄晓峰。

编者

第一章 设计色彩概述

第一节 色彩的认识与发展……………………001
第二节 设计色彩的概念与应用………………009
第三节 绘画色彩与设计色彩…………………011
第四节 绘画色彩与设计色彩作品综合欣赏…016

第二章 设计色彩基础知识

第一节 色彩基础原理…………………………019
第二节 设计色彩的分类………………………025
第三节 设计色彩的心理效应…………………042

第三章 对比与调和

第一节 设计色彩中的对比关系………………049
第二节 设计色彩中的调和关系………………063
第三节 设计色彩作品赏析……………………069

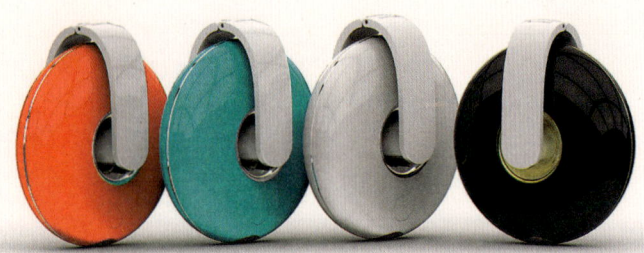

第四章　设计色彩表现形式与方法

第一节　表现形式与方法........................073
第二节　色彩解构与重构........................084
第三节　设计色彩表现方法实例...............088

第五章　设计色彩应用

第一节　设计色彩与包装........................092
第二节　设计色彩与标志........................095
第三节　设计色彩与商业广告..................096
第四节　设计色彩与网页设计..................097
第五节　设计色彩与室内装饰..................098
第六节　设计色彩与服装设计..................100
第七节　色彩组合在平面设计中的运用.......101

第六章　设计色彩绘画与欣赏

第一节　设计色彩绘画方法....................103
第二节　设计色彩绘画作品赏析..............108
第三节　优秀设计色彩作品欣赏..............113

参考文献........................122

第一章
设计色彩概述

学习难度：★★☆☆☆
重点概念：色彩、设计色彩、绘画色彩、现代设计

PPT课件，请在计算机里阅读

章节导读

色彩是光的特性的延伸，色彩是在色光、物体、视觉感官三者之间极其复杂的关系下产生的一种物理现象。从美术的角度出发，色彩是一门独立的艺术，具有独立的艺术审美性。色彩使万物生机勃勃，不同的色彩有着不同的启示作用和暗示力，用以表现画者内心的感受。设计色彩则是在传统色彩基础上的延伸与拓展，是"实用性"艺术。所以，在正式进行设计色彩创作时，要学会运用色彩和了解色彩学中常用的名词术语。因为色彩是作为形态以外的另一个设计要素，是无可替代的信息传达方式和最富有吸引力的设计手段之一，只有了解了色彩的基本知识才可以学习和掌握色彩形成的规律（图1-1）。

图1-1 静物组合（杨秋萍）

第一节 色彩的认识与发展

一、色彩的概念

人类对色彩的感知与历史发展是一样漫长的，有意识地应用色彩则是从原始人开始，他们用固体或液体颜料涂抹面部与躯干。在新石器时代，陶器上已可见到原始人对简单色彩的运用。在色彩应用史上，装饰功能先于再现功能而出现。人类制作颜料是从炙烤动物肉时流出的油与泥土的偶然混合开始的，逐渐发展为以蛋清、蜡、亚麻油、树胶、丙烯聚合剂等作为颜料结合剂。在古代中国、印度、埃及、美索不达米

亚，颜料多用在家具、建筑内部、服装、雕像等的装饰上。早期中国绘画上的色彩主要是轮廓和形象的修饰手段，用色简练单纯。古罗马的墙面、地板镶嵌上则已有丰富的色彩。从文艺复兴时代开始，艺术家们不断探索新的色彩材料，凡·爱克兄弟等人在"油胶粉画法"的基础上改进而形成了亚麻油等调制的油画颜料，为油画的产生提供了媒介材料。自此，绘画上色彩表现的手段大为丰富。尽管人类的色彩应用已有几千年的历史，但独立意义上的科学的色彩学研究却晚于透视学、艺术解剖学而到近代才开始，这是因为色彩学的研究须以光学的产生和发展为基础。文艺复兴时代的画家为了取得自然主义的表现效果，曾经研究过光学问题，注意到了色彩透视问题。直到17世纪60年代，英国物理学家牛顿用三棱镜将白色太阳光分解成红、橙、黄、绿、青、蓝、紫顺次排列的七色光谱。这一划时代的科学发现，奠定了色彩学研究的科学理论基础。

图1-2　色光色

　　从广义上讲，色彩是指波长在380～780纳米之间的可见光在人的大脑中形成的色彩印象和判断，它包含了我们能感知到的色彩现象：色光色与颜料色。色光色由红、绿、蓝三种颜色构成，如电影、电视、电脑等影视图像显示的色彩（图1-2）；颜料色即由红、黄、蓝三种原色混合而成的各种色彩。从狭义上讲，色彩主要是指颜料色，它是从事绘画学习的主要研究课题之一（图1-3）。

　　色彩写生是绘画当中常见到的形式，是画家在创作过程中收集素材的一种方法，也是学习绘画必不可少的训练之一。通过色彩写生可以培养我们对事物敏锐的观察力和新鲜的感受。色彩写生是为了表现物体在一定条件下包括光线、时间、季节、环境等因素在内的色彩关系，并通过色彩的运用来表现它们的形体结构、空间和意境以及情趣等（图1-4、图1-5）。

图1-3　颜料色

图1-4　徽派建筑色彩写生

图1-5　雪山色彩写生

- 补充要点 -

主观色彩

与绘画色彩相比，设计色彩更强调对色彩的主观感受，有更多的个人表现性质。像一幅画的创作必然要到生活中搞写生，搜集素材，把这些写生得来的素材整理成创作，必然要从创作的目的出发，对造型、色彩等进行主观的变化，突出创作的主题。毕加索的很多作品反映了强烈的个人主观色彩的变迁，凡·高、高更等后印象派的作品也充满了具有鲜明个性的主观色彩倾向。而德国表现主义更是将主观色彩的内涵发挥得淋漓尽致。主观色彩更具抽象的意味，需要避开具体的物象进行心理的联想产生艺术上的共鸣。

二、色彩理论的历史发展

绘画作品的语言是指构成画面传达特定的思想感情、精神内涵，它主要的表现手段是形、光、色、线、体积、明暗、空间、构图等，色彩语言是其中一个基本因素。无论是画水彩画、水粉画、油画，还是表现风景、静物、人物，色彩语言都是必须掌握的基本理论和技能。绘画的色彩语言，包括色彩学的基本理论、色彩造型、色彩表现等基本手段和规律。

色彩语言的研究综合了色彩学、心理学、美学等多方面的成果，扩展丰富了绘画色彩的表现领域，对架上绘画、装饰、设计许多方面的发展起了推动作用，现代社会由于文化生活以及社会交往的发展，对色彩语言的理解和应用，已经成为现代人文化修养的一个组成部分。无论是绘画的制作还是欣赏，以及其他的文化艺术生活，例如摄影、摄像、电视、服装、家具、室内布置等的选择和使用，都离不开相应的色彩知识。学习和掌握色彩知识也已经成为人们日常工作和生活中的一种需要（图1-6、图1-7）。

三、设计色彩在现代设计中的地位与影响

1. 设计色彩的价值

现代设计已从造型时代演变为色彩主导设计的时代，色彩可以使人产生丰富的联想和强烈的感性认识，在现代艺术设计中，人们要求设计产品不仅能满足物质需求，更重要的是要具有一定的文化品位，从精神需求上当作人类心灵和情感的投射。加大对色彩

图1-6 服装搭配

图1-7 室内色彩设计

设计与研究的力度及深度，把握色彩运用的发展趋势与特征，确立色彩在经济活动与艺术设计中的重要地位，是促进国内色彩设计、色彩营销等不断走向成熟，并且利用色彩为企业带来效益的重要举措。

有形就有色，色彩是重要的视觉语言，它传递信息、蕴神寓意，所以色彩是消费者确认设计价值的重要因素之一。科学实验证明：人类觉察外部信息有80%是通过眼睛获得的。在常态下，人们观察物体时，首先引起视觉反映的是色彩。色彩作为人类"第一视觉"，是最易震撼心灵和传达情感的。在诸多设计因素中，色彩对人最有吸引力，具有先声夺人的艺术魅力。对于产品的外形，人们是通过思想接受的，是理性的，而对于色彩的选择完全出于本能与直觉，是感性的。机能相同、外形同样的一件产品，如果改变色彩，就有可能带来畅销和滞销的差别。任何产品为了推销，必须引人注目。一件产品之所以引人注目，色彩起着比外形更强、更直接的作用（图1-8）。工业设计色彩专家安契尔·霍金认为："色彩能直接影响人类的思维状态与心理活动，这是商品和生产销售的命脉，甚至关系到家庭生活的美满幸福，它是感染你心灵的窗户，你所居住的环境和自然条件，涉及你桌上、床头陈列品的色彩，都是促使你条件反射的第一信号。"

（1）色彩具有先声夺人的艺术感召力。我们生活的世界是一个色彩的世界，色彩这位"自然的化妆师"把一切自然景物打扮得五光十色，绚丽多彩。生气勃勃的大自然色彩与人的生活发生密切的联系，向人们展示着物质、生命、存在和运动状态。视觉是人们认识世界的窗口，客观世界作用于人的视觉器官，通过视觉器官形成信息，从而使人产生感觉和认识。来自外界的一切视觉形象，如物体的形状、空间、位置的界限和区别等，都是通过色彩和明暗关系来反映的，人们必须借助色彩才能认识世界、改造世界，因此，色彩是传输信息、吸引人的注意力的主要手段。由于人的视觉对于色彩有着特殊的敏感性，因此色彩所产生的美感魅力往往更为直接。

色彩的感觉是一般美感中最大众化的形式，具有先声夺人力量的色彩是最能吸引眼睛的诱饵。人们在观察景物时，无论男女老幼，视觉的第一印象乃是色彩的感觉。显然，色彩在视觉艺术中具有十分重要的美学价值。现代色彩生理、心理实验结果表明，色彩不仅能引起人们大小、轻重、冷暖、膨胀与收缩、前后、远近等心理感觉，而且能唤起人们各种不同的情感联想。不同的色彩配合能形成热烈兴奋、欢庆喜悦、华丽富贵、文静典雅、朴素大方等不同的情调。当配色所反映的情趣与人们所向往的物质精神生活产生联系，并与人们的审美情绪发生共鸣时，也就是说当色彩配合的形式结构与人们审美心理的形式结构相对应时，人们将感受到色彩和谐的愉悦，并产生强烈的色彩装饰美化的欲望。

（2）色彩是情感与文化的象征。色彩本身是无意义的，但自从人类开始有意识地进行装饰活动起，

（a）

（b）

图1-8 琳琅满目的商品

色彩就被赋予了不同寻常的象征意义。色彩作为产品的外在表现，不仅具备审美性和装饰性，而且具备符号意义和象征意义。作为视觉审美的核心，色彩深刻地影响着人们的视觉感受和情绪状态。

色彩所引起的心理反应，有些是人们长期生活实践中自然形成的印象，有些则带有强烈的社会文化烙印。如原始社会山顶洞人的墓葬，就已经开始用赤铁矿进行有目的的装饰了，其红色对原始人来说是与生命、活力有关的象征。红色不但在中国是一种极为重要的色彩，表达了庄重、喜庆、吉祥等气氛（图1-9），对其他大部分国家的人民来说也都具有同样的意义。但有些色彩对不同的国度则有着不同的意义。如在西方，由于叛徒犹大身着黄色外衣，所以，与黄颜色有关的词语多含有轻视的意味。但是，在佛教国家缅甸，黄色却没有任何的消极含义，以番红花浸染的黄色布匹多用于僧侣的袈裟（图1-10）。社会文化对色彩审美的影响是巨大的。由社会背景所决定的色彩喜好，有时甚至会与色彩的习惯心理反应背道而驰。国家的政治制度、文化体系、风俗习惯等，甚至群众广泛关注的某个事件，都会对色彩的审美观念造成影响。色彩一旦被赋予了道德、思想、信仰等方面的内涵，它也就变成了一定社会状态的外在表现符号。色彩还体现了地域文化。生活在北欧地区的人们，习惯了湖泊、雪峰的自然景观，对青、绿色系比较偏爱；我国东北地区空气清朗，房屋的窗格都是蓝色的，而华北地区则大都是绿色，多雨雪地区的人喜爱淡淡的灰色等。还有些色彩喜好是处于特定环境中的人们，对严重缺乏的事物的渴望和追求所致。如沙漠地区的人们对于绿洲、水源的渴盼而对绿色有着特殊的珍爱。

— 补充要点 —

色彩感觉与文化

色彩有极强的表现力。画者与自然是主客体的关系，绘画作品属于一种媒体，画者通过绘画传达自己的意图以及视觉和心理感受，通过色彩寄托自己对自然景物的理解、表达自我的情感。

色彩的表现形式通常分为：写实性色彩，按照客观事物的真实现象，再现客观事物的面貌。装饰性色彩，一般用纯度较高的颜色，对比强烈的色彩，用不同色相排列组合，以较规范的色块构成一定的秩序感，达到一定的装饰效果。情绪性色彩，以色彩感受为主，形体结构、明暗层次要服务于色彩感受，侧重于情绪的表现。意象性色彩，强调自我的主观意象，客观物体的色彩仅作参照和启示，如同中国画所追求的"不求形似，但求神韵"，画者通过夸张、概括的手法用色彩表现物象的精神实质，以主观、自由、意象的色彩组织画面。

图1-9　人民大会堂万人会堂

图1-10　僧侣

（3）色彩体现商业价值。色彩在工业产品的设计、生产、营销中将增加巨大的商业价值。产品的生命周期可以分为五个阶段，在产品处于投入期和成长期的时候，产品以全新的姿态出现，这时，产品可以凭借技术和品质在竞争中取胜；但是，当产品进入成熟期后，产品的技术和品质进入到无差异竞争时，产品不再具备统一天下的局面，而同时，由于物质的极大丰富，给人们带来了更多的选择机会，导致人们不再愿意更长久地拥有某些产品，人们在选择产品时往往会根据自己的喜好、满足自身的心理需求来选择。这时的产品竞争已经开始由"物"过渡到了"精神"的层面，同质化趋势使制造商们必须提升产品的附加价值，色彩这时自然就成了参与产品竞争最简单最有效的方法之一了。

色彩是一种作用神速的、强大的和极具吸引力的表达工具，可以快速地吸引人们的注意力。据国外产品开发行业统计，只需要增加少量的成本，就可以提高产品附加值15%～30%。色彩理论中有一种说法叫"7秒钟色彩"，即对一个人乃至一个商品的认识，会在7秒钟内以色彩的形态留在人们的印象里，也就是说通过色彩很容易使产品成为关注的焦点。色彩的任务就是激起消费者的关注，使消费者的感情升华，引导消费者购买这些产品。现在，很多公司都开始成立了专门的色彩研究所，通过色彩研究，将市场细分，挖掘新的市场空间等，以便把握消费者，占领市场，促进竞争。日本殖产住宅互换技术研究所，在使用色彩形象标度的同时，把顾客分为七种类型，开发研制出"色彩表里一体化系统"，在顾客中调查流行时装、家具、照明器具的爱好，并把它记录在"形象诊断卡片"中，这是为了依据分类的不同类型，来推荐住宅、装饰以及产品等的色彩，以便于产品的销售竞争。因此色彩是提升企业竞争力的捷径，当设计产品在消费者的心理逐渐褪去光环，成为一件大众、时尚的产品时，色彩因素逐渐影响其销售。

2. 设计色彩运用的发展趋势

从古至今，历史上色彩发展表现出人们对色彩持续的迷恋以及对设计色彩观念更新的一个自然过程。在21世纪，色彩作为设计整体的重要因素与组成部分，和其他设计形式语言一样都存在着审美和实用的双重作用。色彩既能装饰和美化事物，引起人们的兴趣与喜爱，又能调节事物功能性的视觉效应，让使用者的生理感受和心理感觉达到更好的统一平衡。对于色彩设计如何脱离一般性研究，让它与实际生活接轨，使它在设计中蕴涵更多的意义正是现代设计师致力想要做到的事情，对色彩在设计中合理的运用，是我们提高生活品质的需求，也是发展国内色彩设计专业化的必须之路。

（1）多彩化设计的趋势。在传统的艺术设计领域中，产品的功能与造型是设计的首要定位因素，而色彩设计是处于从属地位，并且色彩运用上比较单一。社会在进步，时代在飞跃，科学技术在发展，人类对色彩的生理和心理的需求和满足也在不断变化。设计中陈旧、单调的色彩理念必须进行革命，才能在激烈的经济全球化浪潮中占有其立足的地位。因此，设计的多彩化已成为一种必然的趋势，以满足不同阶层、不同年龄、不同性别的消费层次对色彩的需求（图1-11）。例如，松下产的吸尘器系列产品，正面运用多彩的艳丽色与底部的黑色或灰色形成对比和调和的视觉效应，既活泼又时尚，有强烈的生活氛围，获得良好的效果。同样，松下产的电吹风、理发器、剃毛器等产品，根据不同的色彩定位进行设计，使这些产品系列既有多种色光的雅色系列，又有生动活泼的艳色系列，适合年轻男女一族的色彩需求。又如，澳大利亚RMI设计学院设计的厨房用品，采用浅淡的蓝色和黄色及乳白色形成对比与调和，使整个产品在现代厨房中既温馨又艳丽，有非常好的视觉满足感。澳大利亚昆士兰理工大学设计学院设计的形态刀具，该刀具形态为热带鱼形，刀柄设计为鱼尾形并运用红色与刀面的金属光泽形成对比，使整个产品富有生气和活力，增加了产品的功能感。

在当前设计领域的"色彩革命"中，值得注意的是，国外品牌产品在色彩设计和色彩技术运用上，显得非常活跃，在市场竞争中占有较多的消费份额。再看国内品牌产品在色彩设计和色彩技术运用上，虽有行动，但是在色彩设计定位和色彩技术运用方面与国外品牌产品相比较，存在一定的差距，市场的竞争力较弱。要改变这一状态，必须借鉴国外好的色彩设计理念和先进的色彩运用技术和高科技材料，提高色彩运用技术，利用高科技的手段，使国内品牌的产品在色彩效果和经济效果得到提升和提高。

（2）简约化设计的趋势。在现代设计领域中，设计师为了保持色彩的设计发展潮流中的领先地位，就必须自主地从社会学、心理学以及现代人的生活方式等方方面面去寻找刺激色彩趋势发展的因素。平面设计的语言运用是千变万化的，在平面设计中，色彩和造型的结合可以强化造型的寓意并帮助解读信息，增强设计作品的表现力（图1-12）。设计作品能否成功的关键就在于深入地了解色彩的脾气与属性。"简练、达意、巧妙、智慧"是平面设计的色彩语言的表述方式。简洁、简约、简练并不是东西少与简单化，"以少用多""由此及彼"是平面设计色彩艺术技巧的标志之一，它是从生活的某一个具有概括性的侧面来再现现实，因为任何视觉形象都是构成整体的一部分。简单、鲜明的颜色识别度高，有利于表现作品所要强调的气氛，而且容易让人产生刺激、新鲜、活泼、生动等深刻的视觉印象，方便读者的再次联想。有的平面设计作品，尽管构图比较复杂，但针对它所要描述的某些特征，借用了能吸引人的色彩来整体规划，使复杂画面的精粹部分得到了集中体现，起到了牵动人的某种情思、某种体验、某种联想的作用。

可乐公司的红色和雪碧的绿色之所以能深入人心，是因为这些简洁的色彩关系能够突出产品的形象。平面设计的色彩如果用得过多，反而会削弱它的宣传力量，造成画面杂乱，使观者视觉疲劳，产生厌烦心理。简约美能够促进现代平面设计作品的信息表达，刺激视觉信息的交

（a）

（b）

图1-11　产品设计

（a）

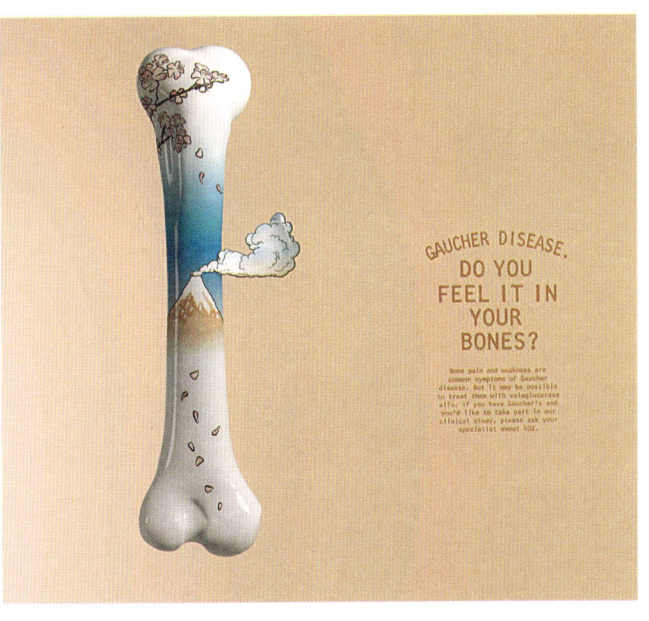

（b）

图1-12　平面设计

流，同时也能够形成一种新的视觉艺术和视觉文化。在现代平面设计中，色彩搭配简练概括，色彩对比以少胜多，可以使设计作品的意念和包含的信息能在瞬间快速传递给广大观者，引起观者视觉的兴奋点并留下深刻的印象。对于平面设计简约化的追求，已成为现代设计的审美体现及重新衡量新的平面设计视觉审美的价值标准。

（3）人性化设计的趋势。色彩就其与审美主体的关系而言，在于它的表情性与象征性，在不同的色彩环境中会产生不同的感性、联想和象征，即色彩所引起的心理与生理效应。当色彩的物理属性与审美主体的心理作用相结合时，色彩在人们眼里并不是呆板的、平面的，而是运动的、立体的，有冷暖、轻重、进退、艳素之别，从而使色彩成为艺术设计中最活跃、最富表现力的手段和因素，并在建筑室内外空间设计中发挥着重要的作用（图1-13）。

图1-13　建筑设计

- 补充要点 -

设计色彩与人性化

色彩设计时除考虑配色技巧、风格、功能以外，还要充分考虑色彩的物理和生理特性及使用者的品位、身份、生活习惯和色彩嗜好等，合理选择、分析、配置色彩。对于室内空间较小的围合面，常使用浅色处理，因为浅淡色调在视觉上有明朗、宁静、轻松、扩大空间的感觉。顶面采用浅淡色调处理，可以避免产生顶面下沉的压抑感，同时可以有效地利用光照，使室内有较好的照度。中性灰度的色调有较明确的色相，有一定的收缩作用。面积较大的空间中使用中性灰的色调，减缓空间过大产生的心理上的空旷感。深色的墙面有使空间变窄的感觉，在大空间的设计时采用此种色彩进行大面积的处理。色彩协调对比关系处理得和谐统一，是决定室内环境气氛创造的关键，既能表现使用者和设计者的个性和喜好，也能促进个性的情感表达，使室内空间效果得以最完美地表现。利用色彩的特性及基本要素在物理、生理、心理上的效应来达到创造室内环境效果的目的，调节人的情绪和心理，营造出能提高工作效率，改善人的心理状态的室内外空间，从而形成具有人性化和精神品位的色彩空间效果。

（4）情感化设计的趋势。我们生活的这个空间可以说是色彩的空间，我们的生活对色彩的要求是潜意识的。色彩在人们周围形成的视觉对人的情绪、情感起着不可低估的影响。从这个角度出发，针对色彩的设计逐渐被人们发掘利用，色彩这个产生美感和艺术魅力的基本要素，也逐渐成为设计者用来解释事物、表现形象和情感趣味的重要手段。服装色彩常常成为时代的象征（图1-14）。作为时间和空间艺术的服装，它的美是运动的、发展的、前进的，它需要创造，需要推陈出新，这正是时代所具有的面貌。

随着人类社会进入高科技信息时代，人类物质生活的提高，高科技的进步与发展，使人类的生产方式和生活方式发生了变化，而人类自身素质的提高，消费需求已经由物质转向精神。这就要求艺术设计朝着具有个性化的、充满人情味的方向发展。现代艺术设计与创作必须顺应时代的要求，体现现代化精神，适合现代人的需求。因此，在注重造型、材料等因素的同时，还须在色彩的配置上进一步提炼，使艺术作品既继承传统特色，又带有鲜明的时代气息，在色彩和视觉效果的把握上更加准确，从而加强服装作品的感染力。美好的色彩能使人产生精神上的共鸣和愉快，更能体现生活的丰富多彩和情调之美，因此，色彩与情感的融为一体能使艺术作品达到完美的境界，是艺术创作的永恒话题。现代服装艺术设计应把这二者统一起来，创作出具有丰富审美情趣的、有无穷魅力的艺术作品。

（a）

（b）

图1-14　不同时代的服装主流

第二节　设计色彩的概念与应用

一、基本概念

设计色彩是平面设计、工业设计、环境艺术设计及建筑设计等各类设计专业必开的一门重点基础课程。它秉承了传统绘画性色彩的艺术精华，将造型基础训练有机地同专业设计联系起来，并成为相对独立的基础课。如果说传统绘画性色彩是为"纯艺术"服务的，那么，设计色彩就是为"实用美术"服务的。它是艺术设计专业一门基础课程，它对现代艺术设计专业如广告、插图、标志、设计、建筑外观、服装设计有着重要作用。它在美化生活、满足物质需要的同时，也提供了精神上的享受，因此色彩的协调与正确运用是产品成功走向市场的保证。正是由于色彩的特殊性，在绘画写生色彩中可以有个人喜好来运用和表现色彩，而在设计色彩中则不允许有明显的个人偏好。当人的审美观念随着时代的发展而不断提高时，设计色彩也在随着时代而不断创新，并要符合时代性与环境、地域等不同的审美要求。同时强调以实用为前提，注重大众接受为目的，其要求色彩效果明确、清晰、单纯。设计色彩在绘画写生色彩的基础上通过高度概括、提炼、归纳等手段，夸张变化地表现出来（图1-15）。

二、设计色彩的特点及应用

1. 现代设计的各项结合

现代设计是自成体系的艺术与科学的结合，理性思维与形象思维的结合，技术与艺术的结合，实用与审美的结合。这些结合使艺术设计中的艺术因素转变了原来的性质，属于科学、技术和功能相结合的技术美学范畴。设计中的艺术问题不是简单的装饰与美化，更不是以"艺术"的手段施加于对象便可以成为完美的设计。设计色彩的本质在于功能与审美的结合，最终服务于人类物质与精神的需要。因此，设计色彩从纯粹绘画形式中分离出来，成为具有特定含义和指向性很强的一种设计基础训练方式。

（a）　　　　　　　　　　　（b）

图1-15　静物主题设计色彩

图1-16 星空之舞

2. 设计色彩应用广泛

设计色彩应用包括工业产品造型、平面设计、环境艺术以及服装设计、染织设计、书籍装帧、商业广告、包装装潢、装饰工艺、电脑动画、摄影、雕塑和建筑等领域。设计色彩作为设计艺术基础造型的一种训练手段和方式，必然有自身的特点。在其发展和完善的进程中，不断地受到西方传统美学观的影响和我国传统美学观念的渗透。在表现形式上，设计色彩不以真实地再现自然为目的，而是从研究自然形态入手，获取客体的本质特征，然后超越客体的外在表现形式，达到主动性的认识与创造。

3. 将设计色彩分离

随着历史发展，人类首度将设计色彩的理论、形式和功能从传统色彩中划分出来，应该归功于1919年德国包豪斯设计学校的创立以及瑞士巴塞尔设计学校拟定的《设计素描基础教学大纲》。随之冠以"设计"二字，确立了"设计素描""设计色彩"这一名词与概念（图1-16）。

第三节 绘画色彩与设计色彩

一、绘画色彩的含义

绘画色彩是利用色彩原理对客观事物进行时间、空间、理念和情感描绘的重要手段，而高校的绘画色彩，特别是作为艺术设计基础教育的色彩，是实现设计教学的前提条件，它的手段主要是通过对静物、景物或人物的表象特征进行思考和研究：

①通过色光写生，研究物象的固有色、光源色、环境色及其相互关系；

②色彩的表现内容多是具体的、客观的；

③艺术风格多建立在具体形象的基础上，其形象生动、色彩丰富、造型美观，属于视觉艺术范畴；

④艺术价值在于观赏和收藏，具有陶冶情操和教育感化的作用。

绘画色彩不仅是研究物体在光照射下所呈现的丰富色调，从而解决物体色、环境色、光源色及其相互影响和变化规律的关系，而且也是表达作者情感，教育、影响、陶冶人们情操的无可替代的艺术手段之一（图1-17、图1-18）。

安格尔是古典主义的一位杰出的色彩大师，塞尚、凡·高、高更是后印象派的代表人物，马蒂斯、安德烈·特朗是野兽派画家的代表，毕加索是立体画派的代表，蒙德里安是抽象画派的代表。抽象派是现代西方流行的一种艺术流派，20世纪初产生于俄国，后流行于西欧和美国，主要存在于绘画和雕塑领域，创始人是俄国画家康定斯基。

中国是一个色彩古国，几千年来，在中国传统绘画中，色彩的演绎与发展有着自己独特的规律和法则。中国画讲究"随类赋彩"的同时，还十分重视空间环境对物象的影响。随着空间环境对物象的影响，随着空间环境和光源色的变化，物象的色彩也会随之发生变化，这就是我们常说的物体色、环境色、光源色之间的相互作用和影响。中国画和油画在色彩运用和对色彩的感受上是有所区别的。中国传统的绘画是以墨调色，在薄与厚、深与浅、淡与浓等多种矛盾体中求得视觉上的最终统一。这与西方绘画以油色烘染出的立体感、明暗透视等有较大的差异。在传统油画技法中，色彩的影响力也是极为显著的，画家可以凭借理解、想象来充分地表达自己的感受，以显露其自身的魅力和美感（图1-19）。

图1-17 麦田里的柏树（凡·高）

图1-18 油画苹果系列（塞尚）

图1-19 蟋蟀蝴蝶扇面（齐白石）

— 补充要点 —

写生对艺术创作的重要性

　　户外写生有助于锻炼我们的分析归纳物象的能力，对物象能全方位地认真观察。更重要的是在写生的过程中，由于现实环境的烘托，艺术家才会产生出强烈的创作激情和表现欲望。在这种状态下所描绘出来的艺术形象，融进了艺术家的主观情感，所以才会变得鲜活生动，进而才能感染观众。

　　照相技术的发明与发展，为确定艺术形象的真实提供了一种参考的依据。虽然如此，照相技术对绘画创作来说，只能起到一个辅助的作用，它并不能取代写生完全作为绘画创作的一种素材收集。在艺术创作实践中，写生依然是艺术创作的主要手段，写生可以唤起艺术家的激情和创作的冲动，才能描绘出具有感染力的优秀作品。

　　写生是一种不同于临摹和创作的绘画体验，它的作画地点是在大自然中，同教室里临摹、画室中创作迥然不同，它的"现场"作用是独特的。现场有特别的一种感动，和临摹的感动不一样，和创作也不一样。写生现场会有许多人，会有各种各样的声音、气息，作画的时候感觉就完全不一样。

二、学习色彩绘画的意义

1. 色彩造型的需要

　　素描是色彩造型的基础，色彩造型是用色彩的细微差异与过渡渐变等关系去塑造新的物象。因此，设计师的色彩感觉就显得非常重要，这就要求设计师必须对色彩的纯度、明度、色相具有敏锐的观察力和表现力，才能驾驭它并发挥它的最大能量。

　　虽然自然界的色彩为我们的视觉提供了丰富的色彩资源，并呈现出千差万别的色彩相貌，但是我们的感性认识与理性认识总是不断变化的，特别是在长期的实践中，人们不仅认识到色彩的差异性，同时也认识到了它的统一性与协调性，这种色彩中既对立又统一的特点构成了设计色彩的基本关系，成为掌握设计色彩关系的关键。色彩已成为表现自然和情感的重要手段，这就要求我们不断总结经验，勤于实践，只有这样才能更好地驾驭色彩，才能把自然色彩转化为绘画色彩，才能设计出最理想的色彩画面和艺术作品。因此，用色彩去研究造型是画家和设计师的共同需要。

2. 精神诉求的需要

绘画和音乐一样，都具有鼓舞和教育作用。但绘画重精神追求，它是通过表象的加工使其再现，使其更富有自身征意义，所以，它既是色彩形象思维，又是色彩再现形象思维，总体上属于客观再现思维。因此，这一阶段的设计色彩教学应着重培养形象的、直觉的思维能力，完成这一部分的学习就初步具备了对绘画色彩的客观原理的认识和客观物象的表现能力，为下一个阶段的学习奠定了良好的基础。但这只是第一步，也仅仅是设计色彩的感性阶段，对客观色彩的观察和表现属于感性色彩的范畴，没有更多的想象和情感的表达与投入，因此，还必须加强对创造力、想象力的培养，另外还需要个人情感的实在投入，只有这样设计色彩才能上一个层次。

一幅作品，无论是绘画作品、设计作品、文学作品或影视作品，都需要真实情感的投入，这样才能引起人们的共鸣，也才能打动人心，起到教化作用，这是人们精神诉求的需要（图1-20）。

三、学习设计色彩的意义

1. 艺术设计的需要

素描主要以造型来塑造物体在空间中的各种变化，反映的是物象的体积、空间位置和质感等，色彩是用颜色来反映物象的造型、体感、量感和空间感。两者没有本质的区别，而设计色彩则需要结合上述两方面的知识技能完成设计理念，表达设计宗旨，即人们需要的物质与精神诉求，同时它也是进行艺术设计的基础。

2. 精神与物质诉求的双重需要

设计色彩主要由物质和精神两个方面组成。从文化视角来理解，艺术设计是人类传承文化和发展文化的特殊的社会实践活动，设计色彩在本质上承载着人类的物质诉求和精神诉求。艺术设计、艺术教育，特别是艺术设计中的色彩学习，更能直接反映这两方面的诉求。整个世界充满色彩，物质需要色彩，精神更需要色彩。

图1-20 花卉油画

— 补充要点 —

学习设计色彩的其他意义

1. 培养敏锐的视觉观察能力，增强接受信息能力，即敏锐的视觉感受能力。
2. 培养分析、观察、理解、判断的形象与抽象思维能力，形成透过事物的表象探索事物内部的整体特征的思维习惯。
3. 培养想象力和创意能力，养成不断对未知领域自觉探索与研究的创作精神。
4. 掌握多样传递视觉信息的表现方式及手段，并熟练地运用它们贴切、充分、巧妙地表达作者的设计意图。
5. 培养综合艺术素质和对美感的有效把握和表现能力。

四、绘画色彩与设计色彩的区别

绘画色彩是以光照作用下产生的色彩变化为主，对表现物体瞬间引起变化的色彩进行敏锐的捕捉，真实地再现自然物象，绘画者的科学认识与观察是表现写生色彩的正确方式。绘画色彩重在表现自然物象及绘画者的情感表达，想表现这些内容，就需要了解色彩现象的成因和表现色彩的绘画技巧。

设计色彩则以绘画写生色彩为基础，根据设计专业的特点和要求，运用色彩归纳、概括、提炼等手段，表现物体之空间，它更注重和强调物象的形式美感以及色彩的对比协调关系，培养设计者表现色彩的能力。

绘画色彩是将视觉中观察到的色彩通过绘画者的意图表达出来，而设计色彩则是将视觉中观察到的色彩经过有目的的筛选、梳理、提炼、变化体现出来。设计色彩是绘画写生色彩与设计用色之间结合的桥梁，是以培养学生的设计思维及表现能力为主旨，经过绘画写生色彩训练，在具备正确观察和认识色彩的前提下，进入设计色彩表现方法的学习是从事艺术设计色彩的必经之路。

在与绘画色彩比较时，不难发现，设计色彩有其固有的语言表达方式，设计色彩写生一方面要注重对客观物象的观察与表现，用科学的态度去认识自然光色的变化；另一方面，又要注重对客观物象的理性认识，强调个人的主观感受，不局限于三维空间的界定，在艺术风格上做到多元化、个性化（图1-21、图1-22）。

图1-21 绘画色彩

图1-22 设计色彩

第四节 绘画色彩与设计色彩作品综合欣赏

图1-23 蔬菜、水果与瓶子

图1-24 朝鲜布面油画

图1-25 皮包、书与花卉

图1-26 秋

图1-27 梦魇

图1-28 红裙

课后练习

1. 简述色彩的概念与发展历史。
2. 设计色彩的价值是什么?
3. 简述设计色彩在应用上的发展趋势。
4. 什么是设计色彩?
5. 简述设计色彩的特点与应用。
6. 什么是绘画色彩?
7. 绘画色彩与设计色彩的区别是什么?
8. 学习绘画色彩的意义是什么?
9. 简述设计色彩的意义。

第二章
设计色彩基础知识

学习难度:★★★☆☆
重点概念:色彩基础、分类、心理效应

章节导读

好的色彩运用能表现出不一样的视觉效果,色彩能给人非常深刻的记忆。人们的大脑神经对色彩的反应最快。在开始时人类对色彩的感知是80,而对形状则只20。2分钟后色彩感知为60,形状为40。这些研究成果充分说明了我们观察物体时,最让我们敏感的是色彩。创作一幅设计色彩不是很容易的事情,事关方方面面,我们可以从一幅写生作品中看到作者的基本功素质和审美取向。在进行设计色彩创作之前,要对色彩有一个较理性的认识,对色彩的感受和功能拥有自己的见解,树立良好的审美意识远比单纯的所谓技法更加重要(图2-1)。

图2-1　晨光

第一节　色彩基础原理

从光学的角度来讲,色彩是光的一种特性,光作用于我们的眼睛,便引起了色彩的感觉。如果失去了光便没有色彩可言。而色彩视觉的产生必须具备三个基本条件:首先是物体,也是被观察的对象;第二是视觉感官,也就是人的眼睛;第三是光,人们凭借光才能发现物体的形状和色彩。光有着不同的波长,其中有些是人们可以看到的,我们把它称之为可见光,也有些人们肉眼看不到的,如X射线、紫外线、红外线等。不同波长的光,由于组成和性质的不同,传入大脑的刺激和感知也不一样。

一、光源色、固有色与环境色

1. 光源色

光源发出的光所形成的颜色，称为光源色。在大自然中，太阳是主要光源，除此之外，还有许多光源，如月光、灯光、烛光等。物体处在不同色光的包围下，它影响和改变着物体的色彩，使物体呈现出远比固有色丰富细腻的色彩变化。

光源射到物体上反射出来的光，通过眼睛和大脑产生色觉。同一种光源照射下，由于被照射物体的质感、结构和表面的分子结构不同，都会产生不同的变化。而相同的物体在不同的光源作用下也会产生不同的色彩感觉，如自然界中夕阳下的景物与初晨太阳下的景物看起来截然不同，这些都是所谓光源色在起作用（图2-2、图2-3）。

2. 固有色

固有色是指根据视觉经验被人们观念认可的基本色，如蓝天白云、红花绿叶等。之所以人们对颜色这样称呼，是在概念和经验的基础上的认识，是在没有真正认识色彩的光学原理之前会误认为物体本身具有某种固有不变的颜色，这显然是不确切的，特别是在美术的范围内，"固有色"的概念本身就是一种认识上的错误概念。如果在色彩写生中只画出简单的固有色，是无法表达对象的丰富色彩感受的。

3. 环境色

环境色是指物体周围的色彩对物体所产生的色彩影响，而组合在一起的一组物体是互为环境的，因而物体之间环境色也是相互作用的。环境色的作用多呈现于物体的暗部，但物体亮部的某些朝向也可能接受周边强反射的色光影响。

图2-2　同一地点夕阳下的景物

图2-3　同一地点早晨阳光下的景物

光源色、固有色、环境色三者对物体色彩的决定程度也因条件变化而变化（图2-4）。在一个物体上，通常情况下，其亮部的中间层次呈现固有色彩越多，那么最亮层次上的固有色则被光源色作了不同程度的改变。但从逆光的角度观察对象，由于受光面极少，尤其在强逆光下，物体的固有色多呈现在其暗部的中间调子上（图2-5）。

图2-4 水粉画中变化丰富的水果

图2-5 逆光下的景色

― 补充要点 ―

如何观察色彩

1. 把握色彩主调

在作画观察时，要迅速敏锐地抓住对象色彩总的倾向，确定其基调，然后再进一步分析和研究局部的色彩关系。

2. 搞清形体色彩的冷暖倾向

冷暖是一个物理体验，色彩的冷暖是人对色彩产生冷或暖的联想而形成的心理体验。对各种复杂的色彩，如能辨别出它的冷暖倾向，就能准确地表现出对象的色彩感受。

3. 注意形体色彩的明暗变化

观察时不仅要注意色彩的色相、冷暖变化，同时要分析每一个色块的明度层次，用严谨的素描观建立起一幅作品基本的构架。

4. 处理好色彩的整体与局部的关系

使各物象色彩和谐地统一于总的基调中，形成画面的色彩秩序。

5. 比较着看

准确的色调是比较出来的，比较是为了鉴别色与色之间的差异，而这些差异又必然统一在一个整体中。色彩的比较，主要是分析相近似的色彩关系，区别它们之间细微的色彩倾向。

二、常见的色彩名词

色彩是通过颜色之间相互有序的混合所形成的关系和效果。色的混合一般分为色光的混合和颜色的混合。结合色彩概念中的内容，我们了解到色光的混合又称加色混合。它们的三原色是红、绿、蓝。它们之间的混合等于白光。色光相加越加越亮。用色光的三原色按不同比例混合可以调配出自然界中所有的色彩。而在美术中所讲的三原色——红、黄、蓝是指颜料混合，又称减色混合。这三个原色按不同的比例混合，一般可以合成其他各种颜色，而它们却是用其他颜色混合不出来的，用这三种原色同比例混合几乎变成黑色。下面就着重讲解颜料混合中常见的色彩名词。

1. 原色、间色与复色

原色、间色与复色是按照颜色可否调配或调配程度来进行划分的（图2-6）。

（1）原色。红、黄、蓝三种颜色无法用其他任何颜色调配而成，故称为原色。

（2）间色。指两个原色相混合所产生的颜色，如橙、绿、紫（红+黄=橙、黄+蓝=绿、红+蓝=紫）。

（3）复色。复色是由三种原色或两种间色按不同比例混合可调配出来的各种不同颜色，如蓝灰、黄灰、绿灰等。

2. 补色

补色也称对比色，指两个颜色的冷暖相反，并列一起时产生相互对比作用，同时又相互补。一个颜色与之相互补的颜色可以有很多，一般在色轮中处于90°~180°之间的两色为对比色，其中处于180°的两色为补色，而补色是最强烈的对比色，如红与绿、黄与紫、蓝与橙是三对最基本的补色。

3. 色彩的三要素

每块色彩都有三种属性，或称三要素。我们通常把色相、明度、纯度称为色彩的三要素，这三个要素不能是孤立的，而是要联系在一起的，在作画过程中调配一块颜色要将这三方面同时加以考虑，不能顾此失彼。

（1）色相。指颜色的基本相貌特征，表示各种颜色的名称，如红、橙、黄、绿、青、蓝、紫等色相。它与色彩的强弱、明暗没有关系，仅仅是区别这一色与那一色的名称。在写生中我们会遇到不易确定的色相，也就是说颜色难以叫出名字，只可以从接近光谱的倾向加以区别。例如在黄与绿之间从微微带绿的黄绿，然后再过渡到微微发黄的绿，都属于色相的差别。

（2）明度。指颜色的亮度、深浅和浓度的程度。一般来说，物体表面对光的反射程度的高低，决定其明度的高低。同一色相的颜色，由于光照强度不同（距光源近明度强，反之弱）或者在同样的颜色中加入不同程度的白色，它们的明度也不同。例如：一块黄颜色可以有淡黄色、中黄色、土黄色等多种层次的明度变化。另外，如果把红、橙、黄、绿、青、蓝、紫等颜色拍成一幅黑白照片，我们可以看到从亮到暗的明度变化。明度一般用高、中、低来表示。

（3）纯度。颜色的饱和程度，即指颜色中的纯净度和单一程度。一个颜色中掺入了灰色，它就失去了纯度，也就是说颜色中所含灰色量越少，纯度就越高，也就越饱和。同时纯度与明度也有着密切的关系，当一个颜色调入白色或黑色时，不仅明度降低，纯度也随之发生改变。颜料中最接近光谱色的大红、柠檬黄、翠绿、普蓝、鲜紫为彩色最高的"纯色"。

图2-6　原色、间色与复色

– 补充要点 –

色彩调配的基本方法

1. 色彩的混合

色彩的混合即把两种或数种颜色通过混合以获得一种新的色相。

2. 色彩的重置

色彩的重置就是指两色或两色以上的不同颜色分开涂层，将一种颜色罩在另一种已干的颜色上，光穿透透明色层，又经水彩纸的反射，再穿透透明色层，被人的眼球的感色细胞所感知。这就是所谓的"视觉灰色"。

3. 色彩的并置

色彩的并置就是用不同颜色的点、线、面并列一起，通过空间、距离和视觉生理混合产生新的色相，也就是所谓的"空混"。

三、色彩的表现性

色彩写生是作为基础训练的一种手段，它要求在较短的时间里对你所描绘的对象通过运用色彩的基本规律真实生动地表现出来。我们经常会遇到几位画家同时画一组静物或是风景写生，最后画面的效果却各不相同，确切地说是各有千秋。所以，所谓用色彩表现对象实际上是表现对象的色彩关系，而不应该机械地模仿对象的颜色。颜色的准确与否是相对而言的，辨别颜色准不准不是你在调色盘里所调出的颜色与实际物体的颜色是否一致，而应是这种颜色画到画面上之后所产生的色彩关系是否合适。我们应该懂得艺术的最高标准，绝不是重复再现，简单自然的重复是没有意义的，只有通过观察思维，以自然客观的色彩作为基本依据，同时加入自我主观的感觉、理解去加以表现。如何在色彩写生中更好地表现色彩地方法可参考以下几个方面。

1. 先色彩后形体

这是针对初学者训练色彩感觉的一种行之有效的办法。因为初学者总喜欢将形体轮廓画得非常严谨，一丝不苟，然后严格按照轮廓一个物体接一个物体"填色"，而且喜欢将一个物体全部画完再画另一个物体，造成画面僵硬、死板，色彩缺乏比较与联系，不能形成画面的整体感，他们即使画了很多画，但实际上尚未在色彩上入门。先色后形并不是指上色之前不打形，而是形要概括，整体的构图、比例、透视、空间关系基本交代出来就可以了，铺色的时候首先要强调对对象的色相、明度、纯度变化及冷暖、补色关系，每一个区域的色彩都要有所交代，点到为止即可。进入深入刻画阶段，在继续深入色彩感受的同时，把形再慢慢地找出来。一定要注意，形要有虚实、节奏变化，形是"色彩的形"。

2. 多画记忆色彩和色彩速写

生活中转瞬即逝的美好的色彩感受有时候由于作画条件的限制而不能现场描绘，但这种记忆通过画笔表现出来，让它成为再现的画面。记忆作画可以促使你观察对象更加深入，更能把握要害，对提高概括能力、艺术的想象力大有裨益。如条件允许，进行短时间的色彩速写能训练你捕捉对象大的色调和瞬间的色光关系，用尽可能简练的色块、笔法直抒胸臆，追求"神似"而不是"形似"，以少胜多，以简胜繁。作画时间短者三五分钟，长者半个小时，应随机而定（图2-7、图2-8）。

3. 注意对比和调和

色彩是不会孤立存在的,它总是在色与色之间、色与环境之间互映存在,即存在对比,色彩的对比有明度对比、色相对比、纯度对比、补色对比、冷暖对比,一幅画面里充满了色的对比,产生了丰富的形象,但如果处理不好各种对比,往往使人感到杂乱无序、支离破碎,缺乏统一的艺术美感,所以如何调和好色彩的对比是一幅色彩画能否成功的关键。

4. 加强色彩写生训练

艺术来源于生活,大自然中包含着千变万化的色彩,只有坚持在自然中写生,用画笔触摸美的点点滴滴,用心灵与自然对话,才能有效提高色彩的感受能力、表现能力、概括能力与分析能力。我们所学过的一切色彩理论都有待在反反复复的写生实践中认识、验证和升华。

在色彩写生中,初学者可以在掌握了正确的观察方法和规律以及基本绘画技能的情况下,充分发挥自我的艺术想象力和潜在的原创性,使各自表现出来的作品有着较明显的艺术倾向,力求形式风格多样化。

图2-7 风景速写水彩画(大卫·考克斯)

图2-8 建筑速写水彩画

— 补充要点 —

色彩的感受与理解

虽然从生物学的角度来讲,人类对于色彩的敏感程度是不尽相同的,然而尽管如此,当人们看物体的时候,最初的感受是深刻的第一印象。这种最初的感受是直观的、感性的,同时也是最真实的。色彩规律对于我们观察理解和表现对象的色彩无疑是有益的,是起指导作用的,但如果过分地依赖它而失去自己独立的感受,那便失去了意义。

训练和培养敏锐的感觉和正确的观察方法尤为重要,良好的感觉可以使画面始终保持一个较为生动、鲜活的氛围,但是如果没有坚实的色彩理论基础支持也同样是不会长久的,感觉与理解相辅相成。强调写生中注重感觉不是有意削弱理解的成分,反之如果没有理解,没有掌握好色彩变化的规律,所画出来的画也不可能生动自然,充其量也只是昙花一现。应该说,色彩理论知识有助于我们更敏锐、更准确地感觉对象的色彩关系,只有当把感性认识上升为理性的、规律性的认识时,我们才会在平时的色彩写生中掌握主动,艺术的表现手段才能得以尽情发挥。

第二节　设计色彩的分类

色彩的表现形式具有多种方式，常见的色彩画类型有水粉画、水彩画、油画、丙烯画等。水粉画、水彩画是对色彩的基本认识，是最基本的课程。

一、水粉画

1. 概念

水粉画是一个比较普及的画种，它作为一种绘画形式与其他画种各自呈现其特点，而不能互相替代。所用颜料含胶，有粉质成分，虽然作画过程与水彩画同是以水为调和剂，不同的是水粉画在减少纯度加强明度时要调白粉，所以它被称为不透明水彩。又因为有较强的遮盖力，可以改变颜料的色相、色性和明度，可进行多次性绘画。水粉除无光泽外还作长时间的描绘，画面颜料厚积可显笔触，但太厚则易脱落。因此运用得恰当，能兼有厚重和明朗、轻快的感觉效果，可画在各种纸上，也可画在木板上。水粉颜料纯度高，鲜艳明丽，制作方便，便于较大面积的色彩绘制，也可以画精细的小画，无论是画写实风格还是画装饰、抽象风格都能表现自如。它介于油画和水彩之间，可以薄画，也可以厚涂，具有独特的艺术价值。它既有油画质感的厚重和丰富的色彩表现空间，而又兼有水彩画的润泽感，有较强的表现力（图2-9、图2-10）。

2. 水粉画的特点

水粉画颜料中都有粉的成分，因此颜料不透明并具体较强的覆盖力，可以改变颜料的色相、纯度和明度，进行多次性绘画。水粉画的作品除了无光泽外，与油画作品有着许多共同点，即具有较强的表现力，可以长时间描绘形象，画面具有厚重感，并易于显露各种笔触等。尽管水粉画颜料也可以厚涂，但不能过厚，否则颜料容易脱落。

水粉画颜料用水作调和剂，可以调出不同浓度的颜色，水仅起到稀释作用，对颜料的各种属性并无多大影响，这一点与水彩画颜料既有相同点也有不同点。因为画出的作品具有明丽清新之感，但如果水分运用不当，颜料便会产生灰、脏、有粉气的毛病，所以一般画家在画水粉画时多扬其长、避其短，尽量控制水分，以避免这些缺陷的暴露。由于水粉画颜料兼有油画颜料和水彩画颜料的特点，所以水粉画可以是巨幅作品，也可以是写生小品，还可以做装饰画之用，是一种应用广泛易于学习而又方便的画种。

图2-9　静物写生水粉画

图2-10　瓶子为主题的设计水粉画

- 补充要点 -

水粉画的用笔方法

1. 摆

将笔触放上去不作衔接，在画上留下笔触的痕迹。这种画法在塑造静物时用得较多，它可以增加结构的表现力，增加物体的强度，使塑造的物体像雕塑一样的结实、有力度，富有体面感，但画的时候要注意整体关系，笔触不能所有的地方都强，要有强有弱。

2. 铺

用笔较大，水分也较多，笔中颜色较饱满，铺的时候要注意颜色的丰富和色彩的变化。一般用在静物画的背景或风景画的天空等大面积的表现上。

3. 扫、擦

用干笔蘸干的颜色去表现，扫用笔锋，其笔触呈针状排线（枯笔干扫），可画毛皮和蓬松的物体；擦用笔肚轻擦画面，擦过之处颜色留下"飞白"，可散露底纹和底色用于表现物体的厚实感。

4. 拖

用笔拖着走，描绘物体生长的形体，运笔的时候讲究韵味。这种技法一般多用在对树枝的表现上。

5. 洗

洗不是为消除败笔重画，而是用洗来表现画不出来的效果。如烟、雾等虚幻地方，最好在底色没干时进行，要让干笔去吸被洗部分的水和颜色。

6. 点

用笔尖或笔肚在画面上捻出不同性质和疏密效果的点，如长、圆、三角点等。

---

3. 水粉画工具与材料

工具与材料是绘画的一个很重要的方面，不但与画面的效果有直接的关系，而且能使整个绘画的观念随工具与材料的改变而改变。学习绘画的过程，从某种程度上说，也是一个对工具和材料的使用技法的熟悉过程。

（1）颜料。水粉画颜料含粉质较多，多数颜料是半透明和不透明的，结合剂主要是用树胶、甘油和水加以一定量的白粉混合而成，具有颜色鲜艳、润泽、有较强的覆盖力和附着力等特点。颜料分为管装和瓶装两大类（图2-11）。锡管材料又分为盒装和零支两种（图2-12），由于在使用时不是平均消耗，而是有的色用得多些，有的色用得少些，所以建议还是有选择地买些零支的较适合。

在调色盘中放置颜色时需注意不要将暖色和冷色、黑色和白色放得太近，否则在调色时容易使颜色相互污染，减低色的纯度和明度。因此，建议按照色彩的冷暖和明度的不同分类排列，这样逐渐养成一个良好的习惯，并熟悉它，会对顺利调配颜色有很多好处（图2-13）。

（2）画笔。水粉画笔的一般要求是：能吸水，但应偏硬一些，弹性强一些。因此，中国画的毛笔不宜用来作水粉画。有一种专门的"水粉笔"，一般是以羊毫、狼毫按一定的比例制成，软硬适中，吸水性、弹性也较好，很适宜作水粉画。除此之外，还有很多其他种类的笔，特别是水彩笔和油画笔，也是水粉画中使用较多的，可根据自己的习惯和爱好在其中选择（图2-14）。

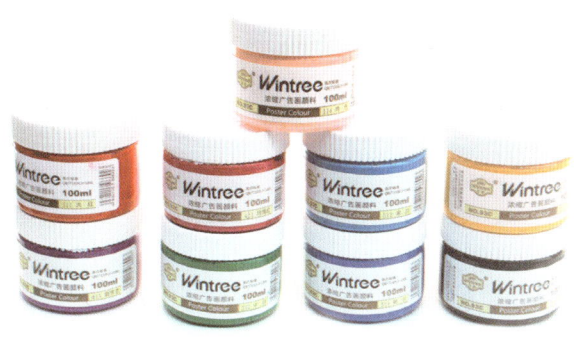
图2-11 瓶装水粉颜料

图2-12 盒装锡管水粉颜料

图2-13 调色盘放置颜色

图2-14 水粉笔

1）水彩笔。分羊毫和狼毫两种，羊毫笔的综合性能较差（图2-15）。好的狼毫水彩笔，笔头圆，弹性好，含水量适中，笔触容易变化，既可作渲染，也可作精细的刻画，但不能摆笔触和皴，力度感较差（图2-16）。

2）油画笔。分猪鬃、狼毫等几种。猪鬃的较为普遍，其弹性强，可摆出强有力的笔触，但含水量少，不宜渲染，较适合于厚画法的块面塑造（图2-17）。如果是狼毫笔，或是日本制的尼龙笔（图2-18），则是相当适合水粉画的工具了。

3）化妆笔。大都由狼毫制成，柔软而具有弹性，吸水性也好，亦是水粉画的理想用笔（图2-19）。但一般是小号的，大号的较少，价格较贵，初学者使用较少（图2-19）。

4）底纹笔。羊毫制作，笔触柔软，且很宽，载色载水力极佳，但不能作精细的刻画，一般只是用来作大面积渲染、涂底色和大背景等，是水粉画不可或缺的工具之一（图2-20）。

5）喷笔，这应该是水粉画发展的一个很重要的方面（图2-21）。在现代水粉画中，它主要用于设计效果图，无论是环艺专业、广告专业、还是工业产品造型专业，很多效果图都是用了喷绘的方法。就是用喷枪，通过压缩空气强力将颜料喷到纸上，可通过喷力的大小、离画纸的远近及喷嘴的大小口径来调节，颜料层面十分均匀，格外艳丽，并可喷出柔和的渐变、金属、玻璃的亮光等，具有很强的现代感，可赋予水粉画一种新的面貌。但目前在绘画中尚不十分普及，只是水粉画的一个另类。

图2-15 羊毫水彩笔

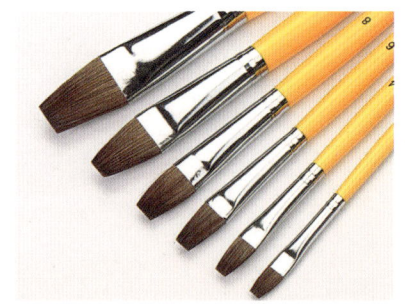

图2-16 狼毫水彩笔

图2-17 猪鬃油画笔

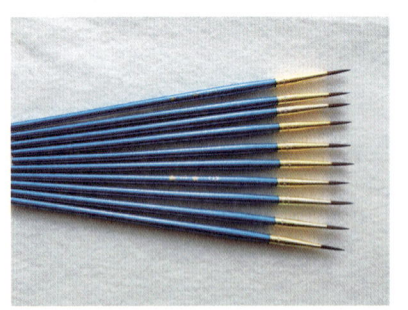

图2-18 尼龙笔

图2-19 狼毫化妆笔

图2-20 底纹笔

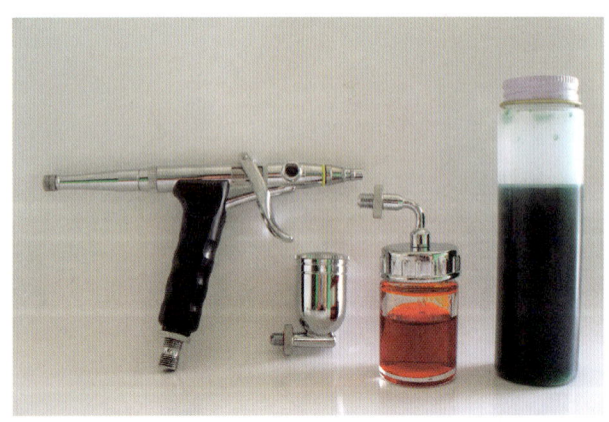

图2-21 喷笔

图2-22 刮刀

6）其他工具。由于水粉画兼容性很大，因此它使用的绘画工具范围很广，只要运用得当，多种杂物都可用来作画，而不像其他画种那样对工具的要求比较严格且单一。例如刮刀原本是油画的一种工具，画水彩画不能用，但对介于两者之间的水粉画来说，却很有用，可取得很好的画面效果（图2-22）。用刮刀刮起颜料直接刮在画面上，跟用笔画的效果迥然不同，如能在某些局部又采用薄染、水浸的手法，便可取得油画、水彩均达不到的效果。刮刀也有许多种，用油画刀、雕刻刀、塑料刀、锯片等，又可产生各种变化。

（3）画纸。适于水粉画底子的材质范围非常广泛，但需要一定的吸水性和附着力，并且质地比较结实。其中有纸（各种纸）、布和做了底子的木板等，只要运用得当，掌握熟练、画水粉画的底子可以有很多，而且不同的底子会产生不同的效果，这需要在使用中逐渐摸索出个人的运用经验和手法，并在逐步确立个人风格的前提下，熟练掌握一两种材质的特性。一般来说，尤其是初学，基本都是画在纸上，而且以普通纸为宜，开始阶段，不可能把注意力集中在对底子的研究上。

1）铅画纸。略粗糙，吸水，易于颜色的附着，很适合水粉画，但如用笔过重，很容易把纸擦毛，也不宜多次反复修改，而且色彩干后易变灰，干湿反差较大，画时用色可鲜艳些（图2-23）。

2）白卡纸。特别光滑洁白，但吸水性差，着第一遍色时，颜色很难附着，水稍微一多，便会把颜料冲去，所以要格外注意水分多少的掌握。但色彩特别响亮，有时故意多用水，透出白色的纸底，会有一种特别的效果。但不宜反复修改，如修改遍数多，就会失去开始时色彩明亮的效果容易显得"腻"（图2-24）。

3）水粉纸。顾名思义，"水粉纸"就是专门用来画水粉画的纸，其实水粉纸画水粉的效果不一定很好，因为它的吸水性等各方面的性能都处于中间状态，所以做不出什么效果，画面总显得很平淡，但比较适合初学者作练习用（图2-25）。

4）水彩纸。虽然是用来画水彩的，但用来画水粉画也同样很适合，软硬适中，吸水性较好，纸质也较厚。有正反两面，即一面有纸纹，一面是光的，两面均可作画，但以用纸纹的一面（正面）为多。由于有纸纹的肌理，就容易做出"笔触"的痕迹，当湿画纸用水较多时，又有水的渗化等效果，出现水迹、水印等，也经得起擦洗，很适合长期作业，但色彩会较灰（图2-26）。

5）马粪纸或单面卡纸的背面。有色，纸质很松，极吸水，很难掌握。但掌握好后又可有特殊的效果，很适合厚画法。干笔厚涂，可堆得很厚，再适当露出一些纸底，因不是白底，所以更有味道，这有些像在有色纸上作粉画的感觉。还可以有意选择一些各种明度和冷暖色调的有色纸来作画，但不宜过分鲜艳。作画时，可不必从暗部画起，而是直接用亮颜色提亮，与中间调子对比，马上就可找到感觉。用色时，应估计到底色对画上去的颜色的影响。此类画不应作过分的精雕细琢，且宜作大色块的速写，如果画得过分具体细致，把底色全部都覆盖，就失去了有色底子的意义了（图2-27、图2-28）。

6）宣纸。这里的宣纸一般是指高丽纸（图2-29）。在高丽纸上画水粉的也很多，但一般是用墨色打底，用粉色提亮，并在反面着墨，将正面的色彩反衬得更艳更亮。从意境和情调上来说，更接近于国画，只能算是水粉画的一个分支。

图2-23　铅画纸

图2-24　白卡纸

图2-25　水粉纸

图2-26　水彩纸

图2-27　马粪纸

图2-28　布纹卡纸

图2-29 高丽纸

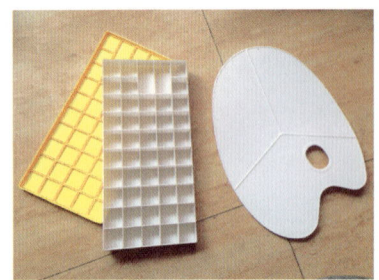

图2-30 调色盘与调色板

图2-31 水桶与工具箱

图2-32 裱纸

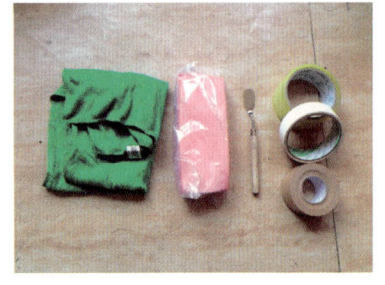

图2-33 吸水布、吸水海绵与胶带

不管何种纸,画前最好在板上将纸打湿,再像湿画一样,四周用纸条或胶带将纸裱在板上,待干后,十分平直,再在上面作画,就会十分得心应手,少了许多不必要的干扰,并可避免在上色时画纸遇到水后凹凸不平的弊端。

(4)调色盘。以色格较多,格子大而深、调颜色面积大的调色盒较好,以便盛放不同种类的、充足的颜色。颜料应按顺序,类似色临近排列,防止不同色相混合造成污染,视觉上也显得和谐而悦目。切忌将水彩、水粉色挤在同一调色盒中(图2-30)。外出写生时调色盒尽量密封,可利用调色盒内的一块薄海绵浸些水覆盖在颜料上,然后盖紧盖子,这样既防止颜色流淌,也容易保持湿度,每次用完用笔蘸上清水滴入格内,防止颜色干掉。另外,在文具商店里有卖一种水粉、水彩写生的工具箱,类似化妆师使用的化妆箱,正好盛上述这些工具材料,还可以盛涮水笔,便于携带,十分方便(图2-31)。

(5)水桶或水箱。洗笔的水桶或装调色盒、画笔的水箱,尽量大些,使水不致太浑,要勤换水。准备一小块吸水的布,以用来控制笔头的水分,十分有必要。

(6)裱纸。如果在室内画水粉写生,有时画幅较大,时间又可以画得较长,就需要将纸裱起来画,在裱起的纸上作画,纸张不会因受潮而变形,产生皱褶,会使作画时的手感非常舒服,也会使你增加信心(图2-32)。

关于裱纸的方法有很多种,这里向初学者介绍其中常用的一种方法:首先将纸面朝上铺在画板上,在纸的几个边向上折出5mm的折印(刷糨糊用),然后将纸张面朝上摆正在画板中央,迅速将较干的糨糊涂在折起的四边上,并粘在画板上(先粘长的两边),用手指来回反复按压几次,待确认没有未粘牢的地方后,再用潮湿的毛巾盖在纸的中央,待旁边的四面基本干后,可以将毛巾拿掉,这时中间的潮湿也很快挥发,一个平整干净的纸就算裱完了。待最后作品完成后,可用丁字尺衡量将画整齐裁下,这样画面既平整、美观又便于保存。这种方法适用于较大或较长时间的写生作业,一般情况下可以用牛皮纸胶条四边粘牢即可作画。

(7)画夹(画板)、画凳及其他用品。写生要用携带方便的画夹(画板)与画凳,外出写生,有条件的情况下可配遮阳伞,另外还需用胶带纸等其他用品,特殊技法所需要的相应工具可随时备用(图2-33)。

4. 水粉画的基本技法

水粉画的基本技法有两种:一是干画法;二是湿画法。由于这两种画法为基础产生的还有综合画法、特殊技法、无笔画法等。就其干湿而论,它们是互补关系,没有这两种基本画法也就不会有其他技法了。对于干画法与湿画法的认识,是学习研究水粉画技巧的基础。

（1）干画法。干画法是用颜料多而调水少的意思，其画法效果有些像油画（图2-34、图2-35）。干画法表现对象具体实在，用笔明确，体积感强，刻画物象具体而生动，有较强的表现力。此画法颜料干湿变化较小，其步骤与素描基本一致）。可是，干画法也存在不足的一面，有时由于"干"而造成过"实"的不利因素。往往使物象的暗部、远景的色彩关系不能自然衔接，由此带来不良结果。为克服这一弱点，解决的办法只有在干画法的基础上，巧妙地用湿画法来缓和此类矛盾，使其虚实结合，以增强画面的艺术效果。

这种表现方法一般是先湿画后干画，先暗部后亮部，先用湿画法处理暗部及背景等需要"虚"的部分，然后深入刻画"实"的形体，用以虚衬实、以弱衬强的手法展示画面的情趣。常用的干画法有层加法、皴笔法和接色法等类型。

（2）湿画法。与干画法相反，用水量较多，其效果与水彩画相似（图2-36、图2-37）。这种画法画面滋润柔和，形体与色彩可以结合得比较自然，处理得当会产生一种和谐含蓄的美感。湿画法容易出现的问题是，画面轻薄、形象结构不清或色彩关系不明等。湿画法一般适用于表现一些转折不甚明确的物象及风景中的远景，画时涂抹遍数不宜过多，以免造成色彩脏、灰、白色粉末浮于色层表面等不良后果。局部处理一次完成为好。修改时最好用清水湿润画面，避免色块衔接不上。湿画法在表现高光时，也可以像水彩画法利用纸的白色而得。常用的湿画法有湿接法、晕染法和湿叠法等类型。

（3）干湿结合画法。在一张画中纯粹用一种画法的很少，一般都是干画法和湿画法混合使用（图2-38）。干湿结合画法的具体运用是，远处的景用湿画法、近处的景用干画法；虚的地方用湿画法，实的地方、体面转折明显的地方用干画法，在具体操作上应先湿后干。在画法中采取干湿结合会获得很好的效果。

（4）刀刮法。借鉴油画技法，可用油画刀、雕塑刀、竹片、塑料刀片等任何薄片，把颜料直接刮到画面上，不同宽窄的刀片，刮出的笔触也有大有小，刮出的效果与画笔画的有全然不同的感觉（图2-39）。

图2-34　远航

图2-35　小店

图2-36　早餐

图2-37 猫

图2-38 樱花树

(a)

(b)

图2-39 雨后漫步

— 补充要点 —

水粉写生中容易出现的问题

1. 灰

水粉画中的大层次不清,色彩明度及纯度对比过弱、体积感不强、重复色过多等,都会造成画面灰暗。纠正的办法:调整画面大的色彩关系,注意色彩的色相、明度和纯度的对比,强调画面立体空间的表现,充分发挥各色块对塑造形象的作用。

2. 粉

使用白色不当,用脏水调色、暗部过多用粉、反复修改画面、复色调色过多,都会使画面色彩饱和度降低,产生"粉气"。纠正的办法:慎用白粉,暗部少用或不用白粉;用笔肯定,尽量少涂改;调和复色次数不宜过多;保持色彩的饱和度。

3. 花

画面缺乏整体关系,过于夸张局部色彩的变化,不善于与形体结合,用笔琐碎。固有色彩太重,主色调不明确,远近、主次不分等。纠正的办法:整体观察和整体表现。克服"固有色"的概念,局部色彩变化应服从于画面整体色调。注意形体间的空间透视关系。

4. 腻

画面缺少应有的色彩对比和变化,用笔不肯定,笔触平滑,表现中反复涂改,致使画面结构松散,整体感差甚至含糊不清。纠正的办法:调整画面整体关系,注意强调形体结构的转折变化,用笔肯定,注意大块面的塑造。

5. 火

画面色彩纯度过高且对比生硬,缺乏中间过渡色彩,色调不统一。纠正的办法:结合色彩理论,认识光、形体、空间与色调的关系。忌用原色直接作画,强调画面色调的和谐统一。

二、水彩画

1. 概念

水彩画即用水调色彩作画,可分为广义和狭义两种。广义的水彩画是指用水调和可溶的色彩颜料作画。如果以此为定义,那么水彩画会由于自身外在的广泛性而把多种不同手段的绘画都包括进来,如中国古代的壁画和以后的彩墨画、水粉画,西方的某些湿壁画、蛋彩画作品,甚至史前文化中的岩洞画等。西方将水彩画称作不透明水彩画,而我们所说的水彩画则被称作透明水彩画。狭义的水彩画是用水调制的水性颜料(大多为透明的和半透明的),在特定的纸上绘画。这种意义上的水彩画,是近代从欧洲发展起来的,其历史不过三四百年,传入中国只有百余年。水彩画在我国百余年的流传中,经过几代人的实践、研究和探索,已经从初期的少数画家对西方水彩画的亦步亦趋的模拟中解脱出来,其技巧与表现风格也更趋完美和多样,水彩画已经成为备受人们喜爱且拥有一支庞大创作队伍的大画种,真正迎来了水彩画繁荣的春天。水彩画是以水作为媒介来稀释特制的颜料作画的,因为水、色这两大元素注定了水彩画的不可替代性,水彩画所体现的轻快、透明、舒畅和水色交融、变幻莫测的美感和艺术魅力给观赏者提供了一个广阔的审美与想象空间。我们所讲述的正是这种意义上的水彩画(图2-40、图2-41)。

2. 水彩画的特点

水彩画的特点，即其与水粉画、油画等色彩画相比较，其特殊的、突出的不同之处。水彩画用水作为调色的媒介，通过"水"和"色"的相互作用，使画面产生特殊的韵味，具有清淡、透明、轻快、流畅和润泽等特点。关于水彩画的特点，曾有不同的描述：清淡、透明、清新、明快；"空灵、明净、流畅、洒脱"；"善于表现朦胧美"；"水和色交接的谐趣"，以上这些描述都从不同方面阐述了水彩画的特点，而且都有一定的道理。如果将油画艺术比作交响乐，那么水彩艺术则好比是轻音乐；将油画艺术比作文学作品中的长篇小说，那么水彩艺术则好比抒情诗歌。实践证明不少成功的水彩之作，都是有着随意性，并且产生了偶然的效果，所以水彩画的过程即"寓画于乐"（图2-42）。

图2-40　街头

图2-41　冰上舞鞋

图2-42　阳光

— 补充要点 —

水彩画的用笔方法

1. 铺大色调、大色块时，笔端水分宜多不宜少；概括性强，舍弃一些细小的东西，用笔宜大不宜小。大笔含水、色多，易概括，而小笔则易琐碎。因此，我们宁可用大笔画小画，而不可用小笔画大画。

2. 虚、实部分，笔触减弱，如近地平线的天空、远景与背景布之类；近处、实体部分笔触明显，如近景与光暗有关的山石、树木、建筑之类的物体。

3. 宜用旧的秃笔表现平涂的大色块或背景；选用有笔锋的笔表现特征或细小部分。

4. 枯笔用在粗纹纸上更为有效，可以露出飞白或笔势翻腾的笔触，以加强表现力。如画发型特征、树木特征、衣褶特征等。有些枯笔看上去有松、沙的效果，其实笔端水分并不"枯"，只是下笔速度快，反而有滋润的感觉。

5. 侧锋与扁笔利于分清块面，中锋与圆笔刻画比较厚重。

6. 用笔的走向大部分是根据形体结构来安排的。如画头像的额部用自左至右的横笔，颧骨部分用斜笔触。但也有相反的，如鼻子是直的，为分清块面，可以用些横笔，嘴唇是横的，也可以用些竖的小笔触；又如树干是直的，也可以用些横笔触，以增强其体感。

7. 用笔还有虚笔、实笔之分。例如画树叶的明部与暗部用实笔，树梢稀疏的树叶，不宜画得太实，就要用些虚笔了；女孩子的头发、老人的胡须特征也可用些虚笔，使其有轻松的感觉。

3. 水彩画工具与材料

绘画的工具材料与画种的特点及表现方法有着密切的关系，不同的画种则有不同的工具材料。因此，准备好学习水彩画的工具材料是十分必要的，全部备齐这些工具及材料，无须投入很大费用。

（1）水彩画颜料。目前，我国生产的水彩颜料在质量上及包装上均有较大改进，使用亦较方便。（图2-43、图2-44）。水彩颜料除软管包装的以外，还有块状的固体颜料。开始画水彩画时，不妨多选择几种品牌的颜料试试，看看它们的膏体是否细腻，色相是否纯正，色彩是否透明且易溶于水，做过比较后就可以选择一种比较喜欢的牌子长期使用。目前市上的水彩颜料有盒装的和单支零售的，可以买单支的颜料，常用的可多买几支，不需要的索性不买。盒装的即使是二十四色，也不过只有二十四种单支颜料，有些颜料可能尚不在其中，而有些颜料是用不着的，如白色或青莲之类。

（2）装色盒。市场上出售的装色盒，只能用来装颜料，要调色还需另准备调色盘。颜料在盒子里要有序排列，可使你在作画时使用颜料更有条理而不会手忙脚乱。挤入小格子里的颜料呈膏状，在作画前最好在每个格子里加入少量清水，用一支细笔杆把颜料与清水搅成糊状，这种糊状的颜料，使你在用笔蘸颜料时更有分寸感。气候干燥时，每次画完后要往颜料上滴几滴清水，以防颜料干涸，要养成这种好习惯，此时麻烦一点，待作画时就不会有麻烦。如果格子里的颜料干涸，索性把它取出不要，干涸的颜料即使加入清水浸泡或搅拌，也很难恢复到原有的饱和度，且会出现杂质或细小的颗粒，不宜使用（图2-45）。

（3）水彩画笔。水彩画笔，一般用狼毫或兔狼毫制成，高级的水彩画笔用貂毫制成，经久耐用，含水性强并且富有弹性（图2-46）。水彩画笔，要求笔毛整齐，含水量大，笔锋集中顶尖，不开叉，不掉毛并有弹性。目前国内市场上销售的水彩画笔分两种：一种是竹杆水彩画笔，笔头外形呈扁形，用兔毛或羊毛制成，吸水量大，分大、中、小若干等，用于铺色和塑造；另一种笔头外形呈锥形，兼毫，适用于勾线和局部刻画。如果画对开或全开以上的大画，还需要底纹笔。大、中、小不同规格的水彩笔都要有，作者可根据自己的需要购置。目前，市场上所销售的一种人造尼龙毛水彩画笔，适宜于洗和勾线，但这种笔含水量太小，不宜初学者使用。为了便于观察所调的颜色，水彩画笔以白毛笔为佳，黑毛和红毛笔色太深，不便看出所蘸的颜色。初学者一般备大、中、小三支笔就够用，另外再备一支扁平的羊毫底纹笔，用以涂大面积的背景颜色，其规格大小可根据自己画面的大小选择（图2-47）。商店里卖的加减"大白云"笔和狼毫"兰竹"笔亦可画水彩画。

（4）水彩画纸。水彩画纸要求纸基坚实，松紧有度，不过分吸水，因而水彩画纸应该是专门为作水彩画而制造的，但这种纸目前在国内市场上还很少见，即使见到，也不理想。目前在市场上能买到的多是150g或180g水彩画纸（图2-48、图2-49）。

水彩画在作画过程中，由于纸面干湿的不均匀，会产生张力的不同，纸薄容易出现"丘陵"和"盆地"。为避免这种现象，可以事先把这种纸裱在画纸上（300g的水彩纸在作画时无须裱）。保定纸质地较白，但过于坚实，因而吸水性较差，颜色在纸面上的渗透性和附着力也就差些。用这种纸作画，在画坏的地方可以用泡沫塑料蘸清水把画面的颜色全部洗掉，也可以用这一特性将画面洗出特有的效果，这是保定纸的一大特色。温州纸质地较松软，且质量也不稳定，这种纸过于吸水，一旦颜料画到纸上，你就别想再把它洗下来，纸基松软也经不起反复擦洗。这种纸的优点在于可以反复深入刻画，而不必担心在画第二遍的时候把第一遍的颜色带下来。由于不便擦洗修改，这就要求作者在作画时笔要准确到位，充分体现画笔的表现力。

但是，国内生产的水彩纸只有全开和半开两种规格的，没有更大的。国内市场上销售的法国的两款纸为上乘（图2-50、图2-51）。其中有185g、220g、300g的，薄厚不等，大小也不一样，大的是卷筒装，宽1.5m，长10m；中等的全开大；小的有半开、4开、8开、16开、24开和32开的，只是价钱高了一些。

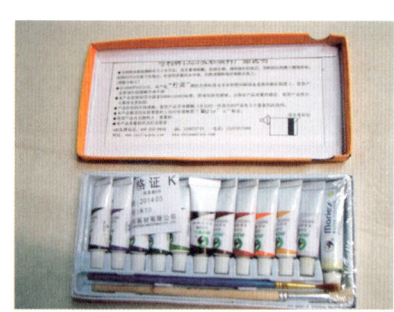
图2-43　软管包装水彩颜料

图2-44　固体块状水彩颜料

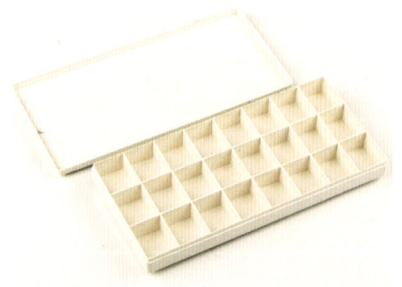
图2-45　装色盒

图2-46　不同型号的水彩笔

图2-47　不同规格的羊毫底纹笔

图2-48　水彩画纸

图2-49 水彩画纸

图2-50 水彩纸

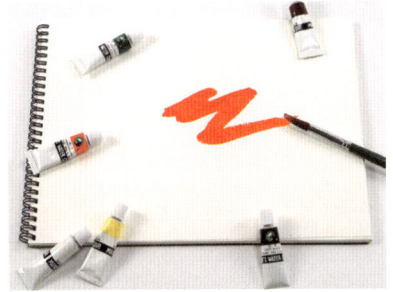
图2-51 水彩纸

图2-52 画板

图2-53 画夹

图2-54 工具箱

图2-55 吸水毛巾

其实，不必对水彩画纸有太多的苛求，认准一种纸，在实践中熟悉和了解它的性能，扬长避短，同样可以画出很好的画来，不同的纸张必然要求你用不同的方法来掌握和控制它，从而也能丰富你的技法和经验，有些画家也用宣纸、白卡纸、铅画纸甚至白布作水彩画，均有不同的妙趣，就看你驾驭画面整体效果的能力了。

（5）画板或画夹。制图用的2号画板可用来画对开的画作（图2-52），没有画板也可以自己动手用三夹板或五夹板锯一块尺寸合适的板子作画板。作画时最好用塑料夹子将画纸夹在画板上，而不要用图钉。外出写生最好备一个画夹子，目前市场上出售的画夹子规格不少，且都有背带，使用很方便（图2-53）。它既可以当作画板又可以存放纸张。外出写生的小折凳或三角凳也是需要的。

（6）贮水器。无水就无法作水彩画，无论在室内或室外作画，必须准备一个贮水器，贮水器要大一些。也可准备一个小塑料水桶。此外，电工工具箱也是作水彩画或水粉画的好工具，工具箱的上层可以放画笔或颜料盒，箱体可以用来贮水，必要时还可以当小凳子用，的确很好（图2-54）。

（7）吸水性好的旧毛巾或餐巾纸。作水彩画时身边放一块旧毛巾，利用它来控制笔上的水分。如果觉得笔上蘸的水色太多，可在旧毛巾上按一下，让它吸去一些水，使笔上的水分达到需要的程度（图2-55）。利用餐巾纸吸去画面上过多的水分或吸去画错的水色，亦可用餐巾纸来创造某些特殊的效果。作水彩画时切忌乱甩笔上的水色。

（8）泡沫塑料或海绵。画面上如有画坏的地方可用泡沫塑料或海绵蘸清水洗去。洗，不仅用在画坏的地方，有时也是一种表现技法，用形体不规则的泡沫塑料蘸上颜色拓印在画面上，用来表现斑驳的老墙，其效果是画笔所无法表现的（图2-56）。

（9）遮挡液。遮挡液是一种不溶于水的、快干的液状乳胶。如在画面上大面积的深色背景前要画一些明亮的物象，可用遮挡液先把这些细节"画"出来，遮挡液很快干涸，在这里形成一个保护层，此时你可以大胆地、水色淋漓地去画深色的背景，不必再为这些细节担忧，待画纸干透后，用手指推去这些干涸的乳胶膜，即露出白色的画纸。遮挡液宜用在纸基坚实的纸上，如画纸较松软，在除去乳胶膜时往往会损坏纸面，不妨先在某种纸上试试，看看效果，再决定是否使用它（图2-57）。

（10）铅笔、橡皮。水彩画着色前的铅笔稿，不应画得太重，用H或HB铅笔即可，5B、6B的铅笔含油性较大，容易弄脏纸面，且作品完成后也不易把铅笔线擦掉（图2-58）。橡皮要求质地柔软的。在起稿时尽可能不使用橡皮，如纸基坚实尚无大碍，如纸基松软将会损伤纸面，着色时纸面的损伤处会出现斑痕。但在画面完成且画纸干透后使用橡皮往往能擦去画面上的浮色或提亮某些地方，使画面更浑然统一。

4. 水彩画的基本技法

水彩画的作画方法尽管在中外水彩画家的笔下千变万化，但概括起来，不外乎也是干画法与湿画法两种。

（1）干画法。干画法即在透明的画纸上直接作画。在第1层色画上待干透后再加第2层色，以层层叠加的方法来表现物象。这样可以避免在湿画法中由于水色的流动而带来的困扰，宜于初学者练习。由于水彩颜料多具有透明或半透明性，因而在每次叠加时应考虑底色与叠加色重叠之后所形成的色彩关系，为此就要注意色彩的纯度。干画法因是直接画在干透的纸上，因而笔上的水色就应该饱满，并且在实践中学会利用笔上水色由浓到淡的渐变过渡（图2-59）。

（2）湿画法。湿画法是在潮湿的画纸上作画，或在第1次色画上去后，紧接着画第2次色，让两种颜色在潮湿的纸上相互渗透融合，借助于纸上水分使颜色向四周散开形成朦胧的边缘，水彩画的特性在这

图2-56　塑料海绵

图2-57　遮挡液

图2-58　不同型号的铅笔

图2-59　孤独者

里得到充分的发挥和体现。湿画法的难点在于纸面上水分的多少与表现效果的关系上，从纸面上水分洋溢，到纸面上有些湿润，这是"湿"的概念。湿的程度同绘画效果有直接关系，对"湿"的表述是无法用语言表达的，因为它无法量化，只能笼统地谈。湿画则朦胧、虚软，只能在实践中体味和掌握不同的湿与绘画效果之关系，在不同季节及温度下更要掌握时间这一因素与纸面干湿之关系，只要用心去实践去体会，掌握这一规律并不是件难事（图2-60）。由于纸上已经有了水分，湿画法就要注意控制笔上的水分。笔上水分不宜过于饱满，颜色亦不宜过淡，因为湿的纸上也会进一步稀释颜色的饱和度。

（3）干湿并用法。一幅水彩画的绘画过程，往往不是单靠一种画法完成的，而是需要干、湿画法并用。一般来说，虚的地方多用湿画法，而实的地方多用干画法。干、湿画法并用，可使画面既润泽又坚硬，从而产生虚与实、粗与细、概括与精致等对比关系（图2-61、图2-62）。

图2-60　乡间小路

图2-61　虎

图2-62　老房子

补充要点

水彩画绘制的特殊技法

1. 涂蜡法

画前在纸上轻轻涂一层蜡烛油,称涂蜡法(图2-63)。为了丰富艺术之表现力,往往在画面的四角或某处轻轻涂上白蜡,使涂过的地方不易上色,从而产生一种斑驳的肌理,达到虚实相生、以虚促实的效果。还可以采用油画棒,也是在画前先嵌一些块块点点的油画棒色。油画棒色夹在水彩色间效果显著,如果觉得油画棒色过于鲜艳、跳跃,可趁湿再上一遍水彩色。

2. 撒盐法

在纸面水、色未干时撒精盐或其他吸水性的物质,如锯末、面包屑等,使画面呈现美丽的斑点和肌理的方法(图2-64)。它与喷的方法类似,但斑纹的肌理效果是有区别的。

图2-63 涂蜡法

图2-64 撒盐法

无论干画或湿画,在作画时均应从上到下,从左到右地用笔,这样不仅顺手,而且便于颜色的衔接。水彩画一般不宜放在画架上作画,水往低处流,纸上的水色均向下流淌,削弱了对形体的表现。水彩画作画时宜平放在桌面上,或根据需要在画板的上部下面垫上不同高度的物体,使画板稍有一些角度即可。干画法宜于初学者练习和掌握,但要注意必须在第1遍色干透后再画第2遍色。干画法并不意味着画面效果必定是干巴巴的,因为纸是干的,那么对水的运用和掌握就转移到画笔上,对笔上水分的控制和运用,就成了干画法的研究课题,运用巧妙或得当,画面同样可以有水彩画的润泽感。水彩画在着色前必先起稿子,应该说起稿子是任何绘画在作画过程中的一个重要环节,是认识理解对象及考虑如何表现的开始。严肃认真的起稿是绘画取得成功、减少失误的基础,是调动积极思维和认识的开始。这里不是说稿子画得越细越好,而是应该画得准确,甚至不放过细节;这也不等于说,以后在着色时必须按稿子来画。这里所强

图2-65　墨镜

调的是，起稿过程是一个全面的积极的思维认识过程，是既务虚又务实的过程，而不是消极的单纯的用线过程。

稿子画好后，最好不要急于着色，以所表现对象的形体结构、色彩关系、空间关系及物质属性等为依据，再为自己作画设计一个最有效和合理的作画程序。水彩画不论是干画或湿画，均可由浅到深层层叠加，使表现的物象更丰富结实。但是，如无经验，叠加的色层越多，又将会使画面失去色彩而变得污浊。在着色时，对一些色彩较深的物象最好第一次就把色度给够，甚至过点头亦无妨，因为画在纸上的颜料在由湿到干后，在色度上会有一些变浅，故应把这一因素作为提前量考虑进去。一次性把色度给够，既可保持色彩的纯度，又可避免由于层层叠加而弄坏了画面。着色时，毛笔在纸上应运笔有序，准确到位，而不应毫无章法地乱涂一气，随着落笔、运笔和收笔，笔上的水色已和画纸融为一体，并表现出一定的形体。

水彩画中不需要用很多的笔，有几支自己觉得顺手的笔就可以了，中号的底纹笔用来刷湿纸面，再有几支平头笔用来表现面积较大的空间或物象，尖头笔用来刻画细部，衣纹笔或叶筋笔用来画挺拔的树枝或类似的线，要熟悉这些笔的特性，如软硬度，含水性，可以在一些画坏的纸上做各种不同的用笔体验，以及纸的干、湿度和用笔效果的体验（图2-65、图2-66）。

图2-66　落叶与人像

- 补充要点 -

小色稿

画小色稿是水彩画需要经常练习的方法之一，小色稿是相对于正式色彩画作之大小而言，如作四开大的色彩画，用一张名片大小的纸片来作小色稿即可。小色稿顾名思义它是小的色彩稿子，因为它画面很小，不可能把要表现的物象充分细致地全部画到小色稿里，它只能用概括提炼的手法，用简单的几个色块较快地表现出被画物之间的色彩关系和大的色彩效果，这种对大的色彩效果和色彩关系的捕捉，有利于培养和提高作画者的整体观察和整体驾驭色彩关系的能力。

小色稿毕竟是小色稿，它终究解决不了在较大的画面中作画时所遇到的具体问题，小色稿容易出效果，在解除初学者中的作色彩画时出现的一些心理障碍，它可算得上一剂良方，但把小色稿的作用提高到了一个极为荒唐的高度时，给初学者在作色彩画训练时带来的却是灾难性的后果，使初学者永远也不能掌握作色彩画的技巧，永远沉湎在作小色稿而带来的自我欣慰和自我满足上，如果你细心加耐心，你也可以在一张类似百元大钞的纸片上画一幅十分精致、丰富耐看的画作，但这就是微型色彩画而不是小色稿，二者有着本质的差别，不可混为一谈。

第三节　设计色彩的心理效应

一、色调

1. 色调与色彩心理

色彩创作的意图表达要避免色彩感觉上的偏差，如果色彩感觉与表达的意图不符，无论怎样的配色，都会使人觉得不协调。色彩心理是人对所看到的色彩的视觉刺激和心理暗示产生的系列联想。鲜亮的红色、橙色和黄色能够令人精神振奋，而蓝色和绿色则能平静情绪；高纯度的色彩给人们华丽、气派的感觉，而低纯度的色彩给人一种朴实、素雅质感，混入黑色和灰色的冷色调，其沉闷、压抑的色彩环境令人产生意志消沉和绝望的感觉。不管是色彩的冷与暖、湿与干、远与近、轻与重、弱与强、柔软与坚硬、华丽与朴素都与视觉经验与心理联想有关，这些感觉偏向于物理感觉的印象，而不是物理的真实物象，是我们的心理作用产生的主观印象。

（1）色彩与形状的关系。色彩学家通过测试发现色彩以纯色出现时会和人的许多感觉发生联想，其中造型因素有不少联系。当某一形状与某以色彩有相同的心理作用时，它们就构成了表现方面的对应关系；比如：红色的稳定、重量和不透明性给人一种静止、厚实、强烈、大方的感觉，被认为具有正方形的特征；黄色则被认为同三角形有关，是人们把黄色明快、敏锐、活跃、爽快、利落、刺激的特点同三角形的尖锐感以及好斗和进取的精神结合在一起；蓝色的轻柔、柔和、寒冷、通透、飘渺，被联想为海洋或天空之色，给人们的感觉是浮动不定的、变化万千，因此，能滚动的圆球则成了造型代号；橙色的安稳、敦厚、温和、不透明，使其具有长方形的特征；绿色的冷静、清凉、自然、宽坦，对应了六边形；紫色的温和、虚无、变换、神秘同椭圆形的特征相对应（图2-67）。

（2）色彩与民族传统。民族及环境文化也影响着人类对色彩的感知，这就使色彩赋予了象征性的意义：在西方的工业文化中，黑色象征着死亡，哀悼者都会穿黑的衣服；在古埃及人的眼里，黑色是与准备迎接新生连接在一起的，而不是世俗生命的结束；西印度群岛的人们使用鲜艳的色彩来祭奠死亡，因为这实际上是庆祝死者进入一个更好的世界；在中国，死亡的颜色是白色，穿着未经染制的白色衣服是一种谦卑的表示；淡粉色使人对温情和浪漫产生联想，而过度夸张的粉色又暗示了甜蜜与肉欲。所以色彩的象征意义在很大程度具有民族性和区域性。

（3）色彩与情感的关系。色彩同人的性格、情感有关（表2-1）。人们能够感受到色彩的情感，是因为人们长期生活在一个色彩世界中，积累了许多视觉经验，一旦知觉经验与外来色彩刺激产生一定的呼应时，就会在人的心理上引出某种情绪。比如，那些敏感的人喜欢红色，理性的人更加偏爱蓝色；性格外向的人喜欢暖色，而性格内向的人喜欢冷色；灰色因其代表着实用和理智，则被那些沉稳或保守的人喜爱；然而作为平衡，人们可能会被性格中所缺乏的特质的色彩所吸引。

有关色彩效用对顾客购买习惯的影响调查和研究，已被广泛应用于商业活动中：黄色、橙色和红色的组合构成常常被用来刺激和吸引顾客的注意力；柔和的蓝色色调暗示干净和宁静，紫色的搭配则通常与奢侈品联系在一起；绿色和棕色因能引起对自然的联想，所以经常被环保类产品采用为包装色，而金色和银色与黑色的精确配置有效地提供了物品高品质的保证。

表2-1　不同色彩带来的情感

色彩	情感
红色	活力、力量、温暖、肉欲、坚持、愤怒、急躁、正能量等
粉红	冷静、关怀、善意、爱情、无私、暧昧等
橙色	喜悦、安全、创造力
黄色	快乐、刺激、乐观、担心
绿色	和谐、放松、和平、自信、镇静、真诚、满意、慷慨
蓝色	洁净、宽广、希望、忠诚、灵活、宽容
紫色	灵性、直觉、纯洁、沉思、高雅、神秘
棕色	养育、自然、世俗、退却、狭隘
白色	和平、纯洁、孤立、宽广
黑色	温柔、保护、限制
灰色	孤立、分离、孤独、自省
银色	变化、平衡、柔性、感性
金色	富足、智慧、理想

图2-67　色彩与形状的关系

2. 色彩颜色基调的把握

在视觉上能产生调和的色彩搭配，在本单元的学习中，我们分析了色彩的视觉感觉同心理的联系以及各色的色相的情感特征和象征意义。

颜色基调主要体现一种色彩结构在色相及纯度上的整体印象。一幅画的视觉感觉是冷还是暖，是红色还是黄色，是艳丽或是偏灰，这些是人们对色彩画面的最直接的感受。对颜色基调的把握，主要是对色彩三属性的理解与运用：一是运用色彩调和的原理，寻求色调的统一；二是建立对比关系的颜色基调，如强弱不同的冷暖对比，色相及纯度对比关系。

如果是寻求有倾向色性的色调，就应该运用色彩调和的原理，确立主色，并且使主色颜色的面积大到能控制整个画面的色彩效果，然后根据需要适当搭配其他对比色。基调色在布料中指的是底色；在室内设计中指的是墙面和地板、地毯的色彩；在化妆上指的是肤色。一种有色倾向的色调具有明显的表情特征，比如将白色作为基调，配以黑色点缀的室内设计显得时尚而高雅，以米色为基调色配合橙色的对比，则会营造出古典优雅的氛围。

而在许多情况下，颜色基调又是以强调对比关系结构而成的。不管是色相对比还是冷暖对比，一般说来，强对比的基调比较激烈，弱对比显得相对柔和。不同的对比有不同的视觉感受，总之都要根据所要达到的目的对颜色的基础给予把握，才能使整体结构完美、井然有序。

色彩的采集和重组构成是以自然界的植物、动物、风景和生活中所见物品为素材，通过分析、归纳其色彩因素和结构动势，用抽象的图形予以表达的色彩训练模式。

不同的或者是相同色彩的变化组合，不同的心情与环境、空间和时间，产生的心理暗示和刺激有相当大的差异。由于色彩联想构成设计对色彩物理学、心理学同时又是创作空间最大的训练课题（图2-68、图2-69）。

3. 应用设计中的色调配置

色彩毫无疑问是可以用来表示某些特定的含义，而色彩所起的视觉效果及其含义的表达取决于色彩的组合关系：高纯度的黄色经常会与愉快，奋进的情感效果联系在一起，但它与紫灰色系列色彩的对比组合却让这一色彩带给人们恐怖和痛苦的感觉；我们也很容易发现整体蓝色调和其他色彩范围内小面积的蓝色所产生的作用完全不同。

作为一名设计师，职业要求他们尽可能的发掘新的设计理念，以促进相关领域设计的发展，这一要求意味着设计师需要探讨色彩领域中所有可能存在的色彩组合。在平面设计中，人们研究画面色彩区域的划分就像电影中演员的角色划分一样，最主要的有主角、配角、支配色、融合色、强调色。主角要用强色，这样的色彩若与画面主体表达一致，则主体明确，色彩明快稳定；配角以对比色彩衬托出主角，起突出主角的作用；支配色主要是以背景色为主，实际上是支配着整个画面的效果，融合色在画面色彩对比关系太强或其中一种颜色过于突出时起缓和作用，使画面平稳，在平淡、沉闷的画面加入强调色使画面生动有活力，同时，平面设计师需要考虑设计作品会以怎样的形式进行印刷以及会在何种背景下进行展示。

室内设计师除了考虑顾客本身的色彩偏好外，色彩的心理暗示作用、色彩的流行趋势和美学上的可能性以及房屋表面结构和色彩光线这些因素的把握使他们的创造和想象力得到最好的发挥。有利于主题表现的前提下，他们将所挑选的色彩任意混搭在一起：明亮的色调可以激发人们的活跃性和有利于精神调节，因此被发广泛地使用在学校和办公室的内部环境中；

图2-68 暖色调

图2-69 冷色调

而黑色的墙壁和天花板在当代也常常被用来营造一种舒适的环境氛围。

园林设计师不仅需要考虑在不同的平面上使用色彩，同时他们还应该根据游者经过园林的地点的变化来设置植物的色彩搭配，可能设计师会大面积使用低饱和度的色彩，同时也点缀小面积的相对亮色调；以艳丽的郁金香来同沉闷的灰绿色的植物调和。植物的种植还可以对空间产生视觉效应：高饱和度的暖色调会给人紧密的感觉，而冷色调的色彩会引起一种远距离的空间感。如将冷暖色搭配合理，人们的视线会得到延伸，区域的面积将在视觉上得到扩展。因此，一个整体为冷色调的花园会显得毫无生气，而一个充满暖色的花园会在视觉上产生狭小的感觉（图2-70、图2-71）。

图2-70 办公空间设计

图2-71 园林景观设计

- 补充要点 -
色彩的节奏

节奏即由色彩要素的色相、明度、纯度等变化而造成的强弱感、轻重感、冷暖感、软硬感相互组合，使之产生抑扬顿挫的格调，表现出色彩的反复、连续、断续的运动感及色彩的用笔和色块的重复排列，不同色块的上下、左右并置，构成错落有致的色彩感受。在绘画中，节奏的变化不是单一图式的重复，而是表现为多种形式的节律运动，有些是激烈的，有些是平衡的，有些是高昂的，有些是低沉的，有些是直观的，有些是内在的、迂回曲折的。

二、构图

色彩构图是把两种或两种以上的颜色组合在一起，是它们产生清晰和富于表现力的视觉效果。色彩构图，狭义上讲就是色彩布局。各种色彩在空间位置上的互相关系必须是有机的组合，即必须按照一定的比例、均衡、韵律、节奏等关系，有秩序、有节律地相互连接、相互依存、相互呼应，从而构成和谐的色彩整体。

1. 色彩区域与动势

色彩构图通常由不同的色域组成，色域的用形和排列同构图的表现力直接相关。一个色域的形状可能是一个完整独立形态，也可能是一个聚集的组合；一个色域内的色彩可能完全一致，也可能包含了细微的变化；而各色域的色彩之间通过构图设置适当的色彩穿插，是形成各色域之间联系的有效方法。一个构图中，对色域的安排有多种可能的方向，横向、纵向、斜线、圆形，都有其独特的表现效果：横向意味着距离和宽度，纵向意味着高度和深度，这两种方向的结合产生某种对称的、坚固的量感；对角线以及类似的斜线产生运动感或造成将视线引向画面深处的纵深感，同时斜线形成的透视幻觉容易有很强的方向感和层次感，圆形具有集中的视觉效果，并且产生旋转的动势，其类似的弧线和曲线的动势都会造成相应的动感效果。

2. 明度区域与层次

要真正的色彩构图获得完整的视觉效果，必须考虑到明暗结构，因为明暗对比关系直接影响色彩的表现。划分明度区域，就是在画面上建立一个层次关系即黑、白、灰秩序。每一个明度层次都由明度相近的色彩所组成。一个明度层次中可以容纳微妙的明度变化，但并不影响整个区域的明暗基调，这种明度区域的组成也许是色彩的大面积集聚，也许是小面积的分散；色相可能是鲜明的，也可能是柔和或灰暗的，但在明度上都保持秩序的排列。

三、强调与平衡

对于设计师来说，作品最重要的考虑可能就是如何将注意力集中在他们想要强调的部位上。这样的目标对于广告艺术尤为重要，任何广告都必须一开始就抓住观者的注意力，并将其引导到商品的名称和图形上去。

在平面创作所有元素包括点、线、面、色彩，可能色彩要素产生的强烈效果最为明显。即使在纷乱的环境中，红色的停止标志和警示作用也能轻易引起人们的注意。一幅画面必须要有一个重心，这个重心是最能引起注意的、最具有强烈暗示作用的主题，而其余部分便是使这个主题更加明确的副题或陪衬背景。主题是否分明，对于一幅画面十分重要。处理主从关系的办法，主题形象除了占主体位置以外，色彩的设置也非常重要。一般来说，高纯度的色彩和细节丰富的区域能引起人们的注意力，同时产生视觉上的重感。反之，低纯度的色彩和缺少细节的区域则视觉较轻。因此，获得强调效果的策略之一便是淡化所强调区域周围的色彩属性，利用强调对比达到突出的效果，比如白色的墙面安装棕红色的门，就很容易引起人们的注意。

当一种颜色在画面中反复出现就如同音乐的重复节奏，同样能起到强调的作用。反复的法则运用即通过不停地重复使用某一种色彩，使该色彩所要表达的意义进入观者心中，达到加深印象的效果。反复可以是单一色彩的反复，也可以是结合方式或系统方式变化的反复，由此使整个结构能在复杂中求得统一，变化中求得强调，以避免画面陷于单调、生硬的情形，从而加强画面的表达力。

画面色彩的结构设计最终追求的是一种平衡关系。色彩的平衡不是指物理上的平衡，而是构成画面的两种或两种以上的色彩所形成的一种视觉心理上的平衡、稳定感，也就是色彩在感觉上有生命、有律动、有响应地达到平衡。色相的比较、明度的高低、面积的大小、位置的远近、调子的轻重都是色彩均衡的主要条件。

平衡分对称平衡和非对称平衡。对称平衡是指画面中有个轴心或骨架，其基本形状在其上、下、左、右四个方向及位置都是对称性均衡所形成的效果。其画面特点单纯、有序、视觉上有强烈的安定、平稳感；非对称性平衡是指画面上形状、方向、位置、色彩等造型元素不是平均和对称，而是在相应的运动和变化中建立的相对平衡的一种感受。它与对称性平衡相比，具有更多的变化性和生动性。

实际上，作品的平衡与不平衡感通常是对各种元素和设计理念的直觉处理。与利用明暗来平衡视觉重量的手法相对应，是为了满足观者的美学比例而进行的色彩平衡。在一幅多色彩的作品中，不同明度的区域间存在着一定的数学关系，同样的关系也存在于不同纯度的色彩之间。研究色彩对比、调和规律就是为了获得画面整体布局上平衡。

值得注意的是，视觉生理的平衡并不是色彩设计唯一的追求目标，从某种意义上讲，心理的需求会对色彩的审美发生重要的影响。无论在艺术创造中，还是在生活用色中，特定的目的往往决定着特定色彩搭配，有些看起来并不和谐的色彩，恰恰符合特殊的、富有表现力的色彩需求。因此，我们看到很多杰出作品并没有遵从任何色彩平衡理论。在某些情况下，艺术家们甚至会在色彩的帮助下特意营造一种不平衡感（图2-72、图2-73）。

图2-72　花卉与水果

图2-73　清晨街头

- 补充要点 -

色彩绘画的意境表达

任何画种都可从不同方面表达一种意境，一幅作品除去其他因素之外，意境表达得如何在很大程度上决定它的成功与否。意境是情与景的结晶，同时也是画家心灵的折射，它所表现的是主观的生命情调与客观的自然景物相互融合渗透，体现画家的思想境界、审美情趣和心灵的独白。艺术家把自己的丰富情感转移到写生的画面中，这在美学当中叫"移情"。宋代苏东坡评价王维曾说"味摩诘之诗，诗中有画，画中有诗"。诗与画的结合，给中国画赋予了诗的意境。所以说中国画是很讲求意境的。

在欧洲绘画史中，讲求画面意境，追求完美的例子不胜枚举。单从风景画的意义上讲，西方画家更注重自然真实。通过对自然景物的描绘，似乎把欣赏者带入了一个如梦如幻的世界，有身临其境之感。在西方16世纪以前，风景只是作为人物或者纪念性绘画的背景而存在。随着油画艺术的不断发展，风景画作为一个独立的艺术逐渐分离出来，它独特的艺术魅力受到人们的关注和喜爱，油画风景为人们创造出了一个绝佳的艺术境界。

东方与西方艺术表达意境的方法各不相同，但无论如何一幅好的作品须具有一个美的意境，在我们色彩画绘画当中需要注意这方面的锻炼和培养，色彩的运用要与所表达的主题和意境相结合，使作品更有内涵，色彩更富魅力。

课后练习

1. 简述光源色、固有色与环境色。
2. 什么是色彩的表现性？
3. 什么是水粉画？
4. 水粉画的特点是什么？
5. 列举3种水粉画的绘画工具。
6. 详细说明1种水粉画的技法。
7. 什么是水彩画？
8. 水彩画的特点是什么？
9. 列举3种水彩画的绘画工具。
10. 简述色调与色彩心理的关系。

第三章
对比与调和

学习难度：★★★★☆
重点概念：对比、调和

章节导读

人类并非只对某一种色彩产生反应，而是对眼前的一切色彩产生反应。如当眼睛长久接触某一色彩时，就会感到疲劳，以致希望眼前出现这色彩的补色，从而恢复眼睛的平衡。人的内心渴望色彩的变化与和谐。对于任何的室内环境，这都是色彩设计的立足点。当两种或两种以上的色彩并置时，都会产生各种对比的现象，这决定了色彩在室内设计中的关系处理，同时也表现色彩的美学价值。所有的视觉现象都是由色相、明度、纯度的对比造成的（图3-1）。

图3-1　夕阳

第一节　设计色彩中的对比关系

一、色相对比

不同颜色并置，在比较中呈现色相的差异，被称为色相对比。在色相环中，色彩间隔距离大小决定色相对比组合的强弱关系（图3-2）。

在色相环上，红、黄、蓝是不能由其他颜色混合出来的原色。而三原色之间按照一定的比例混合即可得到色相环上其他全部颜色。红、黄、蓝表现出最强烈的色相特征，是色相对比的极端。

1. 原色对比

红、黄、蓝三原色是色相环上最极端的三个颜色，表现了最强烈的色相气质，它们之间的对比属于最强的色相对比（图3-3）。例如用原色来控制色彩，会使人感到强烈的色彩冲突。如许多国家都选用原色来作为国旗的色彩，京剧脸谱也使用强烈的三原色突出人物特征等（图3-4）。

2. 间色对比

橙色、绿色、紫色作为原色相混所得的间色，色相相对略显柔和，自然界中的植物的色彩呈间色为多，如果实的橙黄色、紫色的花朵等，绿与橙、绿与紫的对比都是活泼鲜明具有天然美的配色（图3-5）。

3. 补色对比

在色相环直径两端的色为补色。确定两种颜色是否为互补关系，最好的方法就是将它们相混，看是否能产生中性灰色，如达不到就要对色相成分进行调整才能找到准确的补色。一对补色并置在一起，可以使对方的色彩更加鲜明。

（1）黄色与紫色对比。由于明暗对比强烈，色彩个性悬殊，是补色中最突出的一对（图3-6）。

（2）蓝色与橙色对比。明暗对比居中，冷暖对比最强，活跃而生动。

（3）红色与绿色对比。明度接近，冷暖对比居中，因而相互强调的作用非常明显（图3-7）。

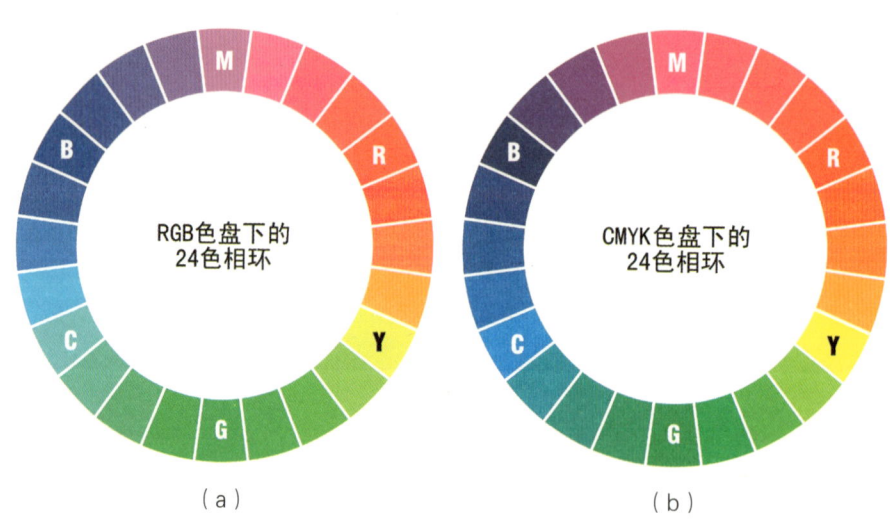

图3-2 色相环

图3-3 红、黄、蓝之间的对比

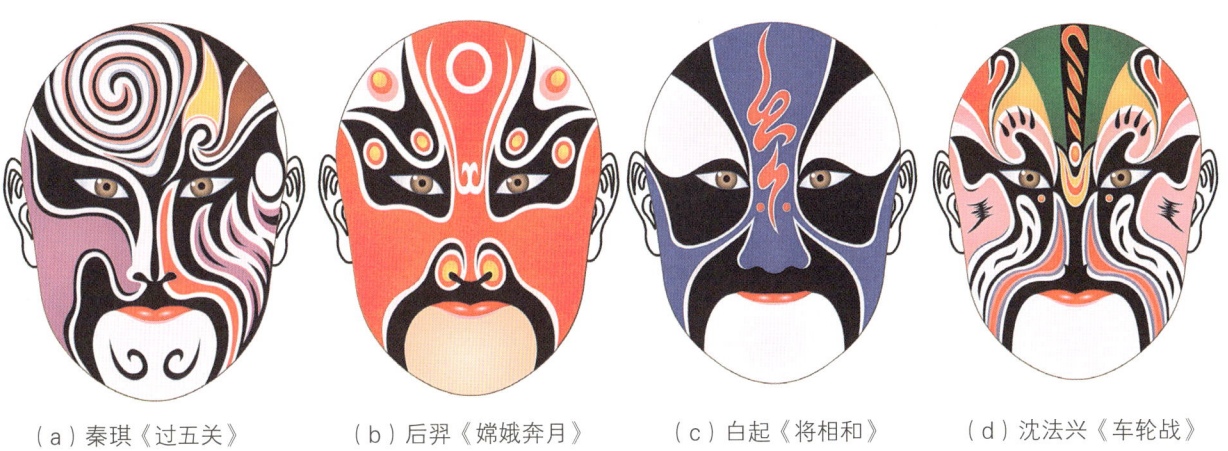

（a）秦琪《过五关》　　（b）后羿《嫦娥奔月》　　（c）白起《将相和》　　（d）沈法兴《车轮战》

图3-4　京剧脸谱

（a）　　　　　　　　　　　　　　　　　　　　（b）

图3-5　自然界中的混色

图3-6　黄紫补色　　　　　　　　　　　图3-7　红绿补色

4. 邻近色对比

色相环上任意一色的相邻色为邻近色（色彩在色相环的间隔在30度以内），邻近色色相相差很小，色彩对比非常微弱，接近于同一色相的搭配，如黄与微绿黄、黄与微橙黄。虽然色彩调和，但画面配色单调，必须借助明度和纯度的变化或者点缀少量对比色来增加变化（图3-8）。

5. 类似色组合

如黄与绿味黄，黄与黄味绿。类似色的色差比邻近色稍大，但仍保持着色彩上的绝对统一性，主色调倾向明确，又富有一定的变化，是较为常用的色彩构成的方法。如果适当的变化其明度和纯度或点缀少量的对比色，就能取得较为理想的效果（图3-9）。

二、明度对比

1. 概念

明度对比主要指由色彩明暗程度差别而形成的对比。在明度对比中．可以是同一种色相的明暗对比，也可以是多种色相的明暗对比。人眼对明度的对比最敏感，明度对比对视觉影响力也最大、最基本。将不同明度的两个色并置在一起时便会产生明的更明、暗的更暗的色彩现象。如黄色与紫色并置，会很明

图3-8　邻近色对比

显地感觉到黄色比原来更亮,而紫色比原来更暗(图3-10)。同一色彩当其周围的环境发生改变时,其产生的明暗关系也会给人不同的感觉。如把一个灰色置于白底之上时,灰色看上去比较暗,而移到黑底之上,灰色似乎又变得亮了起来(图3-11)。

图3-9　类似色对比

图3-10　黄紫并置

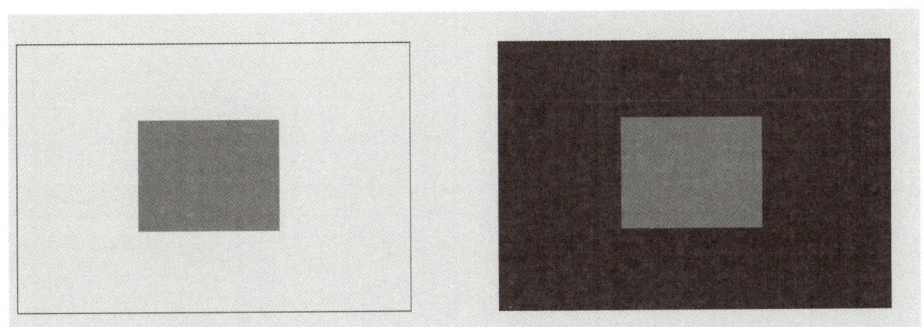

图3-11　灰与黑白的对比

2. 明度调子

不同色彩间明度差的大小决定着明度对比的强弱。以黑、白、灰系列的9个明度阶梯为基本标准可进行明暗对比强弱的划分（图3-12）。

靠近白的3级（7、8、9）称高调色，靠近黑的3级（1、2、3）称低调色，中间3级（4、5、6）称中调色。色彩间明度差别的大小决定着明度对比的强弱。凡是色彩的明度差在3个级数差以内的对比为明度弱对比，由于这种对比的关系在明度阶段轴上的距离较近，所以又称短调对比；5个级数差以外的对比称明度强对比，由于这种对比关系在明度轴上距离比较远，又称长调对比；3~5个级数差之内的为明度的中对比又称中调对比。

在明度对比中，如果其中面积最大、作用也最强的色彩或色组属高调色，同时又存在着强明度差，这样的明度基调可以称为高长调。依次类推，如果画面主要的色彩属中调色，色的对比属短调，那么整组对比就称为中短调。按这种方法，大致可划分为10种明度调子：高长调、高中调、高短调、中长调、中中调、中短调、低长调，低中调、低短调、最长调。第一个字都代表着画面中主要的色或色组（图3-13~图3-15）。

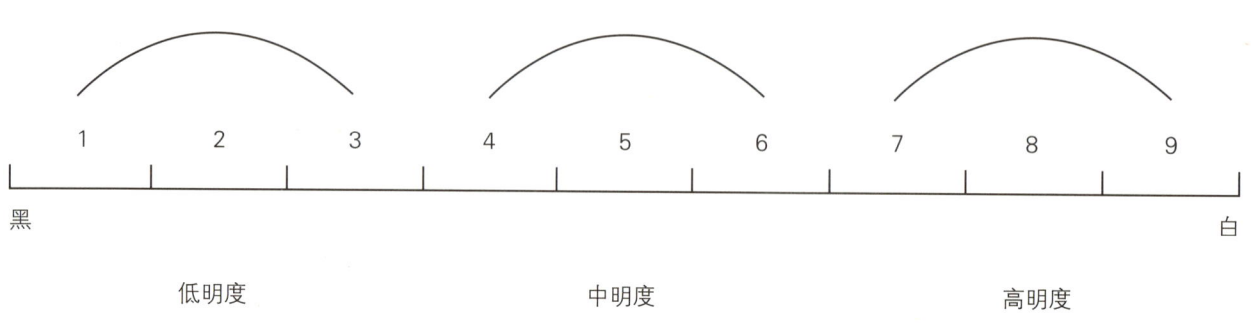

图3-12 明度调子划分图

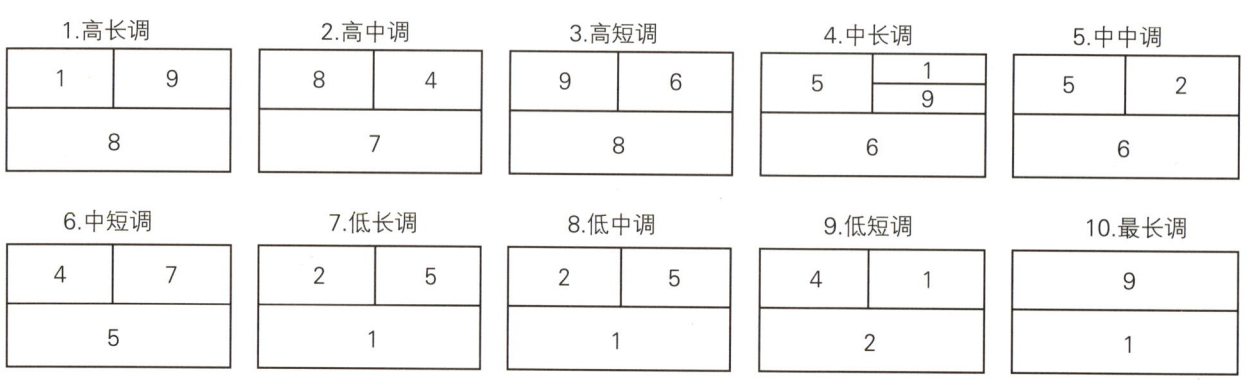

图3-13 明度基调

图3-14 无色系明度对比

图3-15 无色系明度对比

— 补充要点 —

各个明度色调的特点

1. 高短调

高调的弱对比效果，色彩效果极其明亮，形象分辨力差。其特点是优雅、轻柔、高贵、软弱，设计中常被用来作为女性色彩。

2. 高中调

以高调色为主的中强度对比。色彩效果明亮、欢快明朗而又安稳。

3. 高长调

反差大、对比强。色彩效果明亮、形象的清晰度高，有积极活泼、刺激明快之感。

4. 中短调

中间灰调的明度弱对比。色彩效果朦胧、含蓄、模糊、深奥，同时又显得平板，清晰度也极差。

5. 中中调

中间灰调的明度中对比。色彩效果饱满，有丰富含蓄的感觉。

6. 中长调

中灰色调的明度强对比，如采用高调色和低调色进行对比。色彩效果充实、深刻、力度感强，有丰富、饱满的感觉，给人以强健的男性色彩效果。

7. 低短调

暗色调的明度弱对比。色彩效果模糊沉闷、阴暗，画面常显得神秘、迟钝、忧郁，使人有种透不过气的感觉。

8. 低中调

暗色调的明度中对比。色彩效果沉着、稳重、朴素雄厚、有力度，设计中常被认为是男性色调。

9. 低长调

暗色调的明度强对比。色彩效果清晰、激烈，具有不安、深沉、压抑、苦闷的感觉。

10. 最长调

最明色和最暗色面积相等的明度强对比。色彩效果极其矛盾、强烈、锐利、简洁、单纯，适合远距离的设计。但处理不当也易出现空洞、生硬、目眩的感觉。

三、纯度对比

1. 概念

一种颜色的鲜艳度取决于这一色相发射光的单一程度，不同的颜色放在一起，它们的对比是不一样的。人眼能辨别的有单色光特征的色，都具有一定的鲜艳度。不同的色相不仅明度不同，纯度也不相同。有了纯度的变化，才使世界上有如此丰富的色彩。同一色相即使纯度发生了细微的变化，也会带来色彩性格的变化。

色彩中的纯度对比，纯度弱对比的画面视觉效果比较弱，形象的清晰度较低，适合长时间及近距离观看。纯度中对比是最和谐的，画面效果含蓄丰富，主次分明。纯度强对比会出现鲜的更鲜、浊的更浊的现象，画面对比明朗、富有生气，色彩认知度也较高（图3-16）。

2. 特点

（1）纯度对比可以体现在单一色相的对比中，同色相可以因为含灰量的差异而形成纯度对比；也可以体现在不同色相的对比中，据孟德尔研究的纯度色标数值，红色是色彩系列之中纯度最高的，其次是黄、橙、紫等，蓝绿色系纯度偏低。纯红与纯绿相比，红色的鲜艳度更高；纯黄和纯黄绿相比，黄色的鲜艳度更高，当其中一色混入灰色时，视觉也可以明显地看到它们之间的纯度差。

除了波长的单纯程度影响彩度之外，眼睛对不同波长的光辐射的敏感度也影响着色彩的彩度，视觉对红色光波的感觉最敏锐，因此彩度显得特别高，而对绿色光波感觉相对迟钝，所以绿色相的彩度就低。有彩色加入无彩色后，都会降低彩度（图3-17）。需要强调的是，一个颜色的彩度高并不等于明度就高，即色相的彩度、明度并不成正比（表3-1）。

（a） （b）

图3-16 人生路（纯度对比）

图3-17 有彩色加入无彩色

表3-1 色相明度、纯度（彩度）关系表

色相	明度	纯度（彩度）
红	4	14
黄橙	6	12
黄	8	12
黄绿	7	10
绿	5	8
蓝绿	5	6
蓝	4	8
蓝紫	3	12
紫	4	12
紫红	4	12

（2）任何一种鲜明的色，只要它的纯度稍稍降低，就会表现出不同的相貌与品格，我们可以用黄色的纯度变化为例，纯黄是极夺目的、强有力的色彩，但只要稍稍掺入一点灰色，就会立即失去耀眼的光辉。纯度的变化也会引起色相性质的偏离。如果黄色里混入更多的灰色，就会明显地变化，变得极其柔和，失去光辉，黑色混入黄色，则会立即变成非常浑浊的灰黄绿色。

（3）色彩中混入不同量的黑或白色能降低一个饱和色相的纯度，但加白色相的面貌仍较清晰，也很透明，加黑色覆盖性强易改变色相。紫色、红色与蓝色，在混入不同量的白色之后，会得到较多层次的淡紫色、粉红色和淡蓝色，这些颜色虽然经过淡化，但色相的面貌仍较清晰，也很透明，但黑色却可以把饱和的暗紫色与暗蓝色迅速吞没掉（图3-18）。

现实中的色彩与设计中的色彩，大都为不同程度含灰的非纯色，而且每种色彩的纯度变化又十分微妙，纯度的每一次微妙变化都会使色彩产生新的相貌和情调。在运用色彩时，如果只用高纯度的色彩堆积在画面上，会给人一种刺激和烦躁的感觉；反之，如果画面全是灰色，缺少适当纯色来对比，又容易显得单调和沉闷。只有懂得和善于运用纯度的对比作用，才会使画面产生既响亮又含蓄的色彩效果，做到灰而不闷、艳而不燥。

3. 降低色相饱和度的方法

（1）加入无彩色黑、白、灰。纯色混合白色可以降低其纯度，提高明度，同时色彩变冷。各色混合

图3-18 加入无彩色的色相变化

白色以后会产生色相偏差,色彩感觉柔和、轻盈、明亮。纯色混合黑色,既降低了纯度,又降低了明度,同时色彩变暖。各色加黑色以后,会失去原来的光亮感,变得沉稳、安定、深沉。加入中性灰色,会使得色相变浑浊,相同明度的纯色与灰色相混后,可以得到不含明度和色相变化的不同纯度的含灰色,具有柔和软弱的特点(图3-19)。

(2)加入该色的补色。加入互补色等于加入深灰色,因为三原色相混得深灰色,而一种色彩如果加它的补色,而其补色正是其他两种原色相混所得的间色,所以也就等于三原色相加(图3-20)。

(3)加入其他色。一个纯色加入其他任何有彩色,会使本身的纯度、明度、色相同时发生变化。同时,混入有彩色自身面貌特征也发生变化(图3-21)。

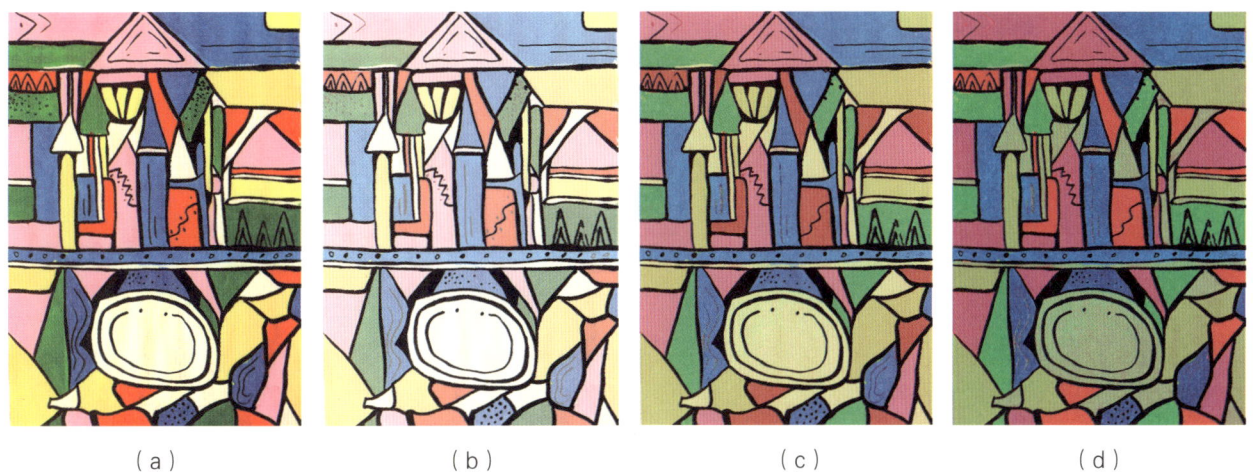

(a)　　　　　　　　(b)　　　　　　　　(c)　　　　　　　　(d)

图3-19 加入黑、白、灰降低纯度

4. 孟氏纯度对比基调

孟氏是指美国教育家、色彩学家、美术家孟塞尔，他创立了以色彩的三要素为基础的色彩表示法。其中纯度对比是将无彩色的纯度设定为黑、白及之间过渡的各种灰色，随着颜色鲜艳度的增强，逐渐增大纯度，最高的纯度值因色相的不同而不同。孟氏纯度对比基调见图3-22。

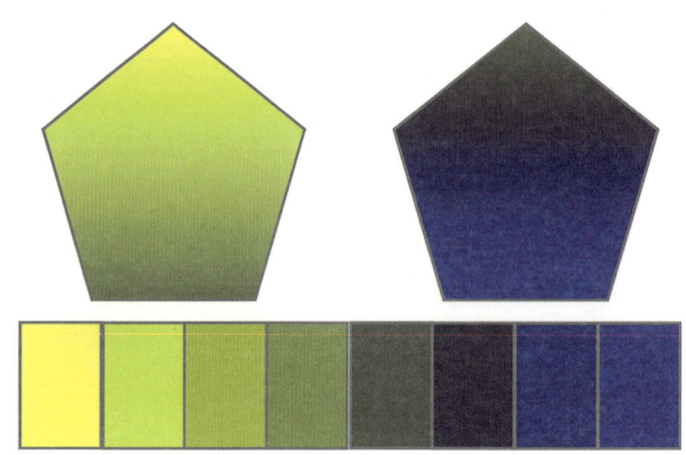

图3-20　加入补色降低纯度

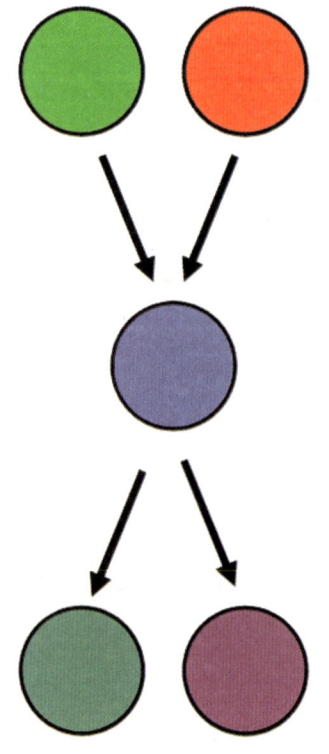

图3-21　混入同一色调调和

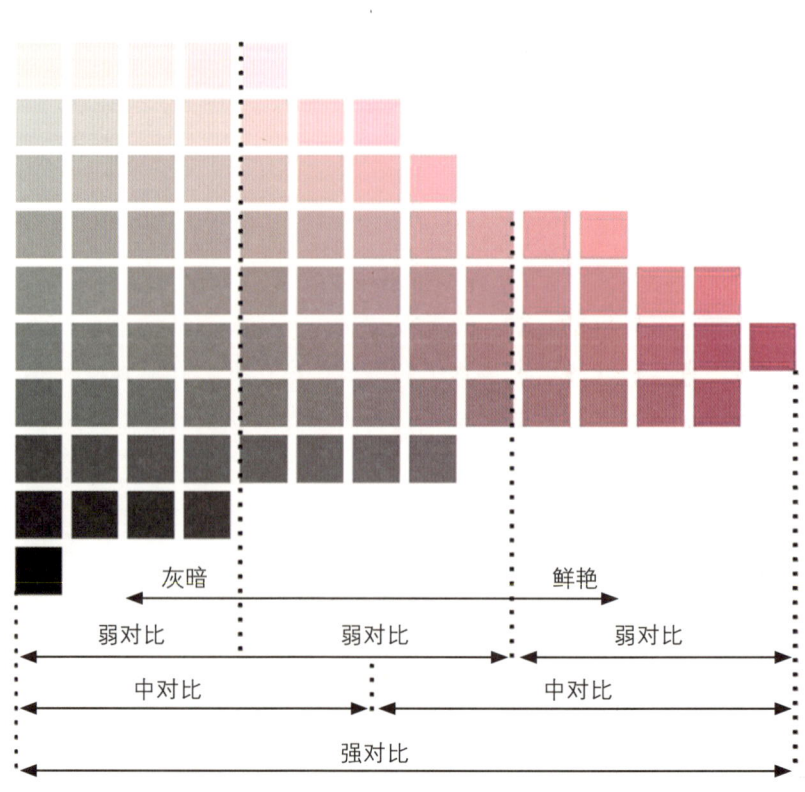

图3-22　孟氏纯度对比基调

四、冷暖对比

1. 概念

色彩有心理温度。暖色会刺激神经使血液循环加速，身体不由自主地热起来，给人温暖之感。冷色会使血液循环降低，身体产生凉爽、寒冷的感觉（图3-23）。中性色，其冷暖感要视其所处的色彩环境，当它们与暖色搭配时有冷感，反之则有暖感。

用冷暖差别而形成的对比成为冷暖对比。

2. 影响冷暖的因素

（1）明度。无彩色中，白色具有冷倾向，黑色具有暖倾向。有彩色中，冷色加入白色或者黑色，会向暖转化，暖色加入白色或者黑色后，则会向冷转化；加入灰色，则会向中性色转化。

（2）纯度。高纯度暖色更暖，低纯度冷色更冷，纯度越低，则越向中性色转化。

3. 冷暖对比是相对的

将绿色放在黄绿色中，绿色就成为冷色；将绿色放在蓝色中，则会变暖。越临近的颜色，其冷暖的对比就越弱，到达冷暖两极——蓝色和橙色，则形成冷暖的最强对比（图3-24）。

图3-23　暖色与冷色

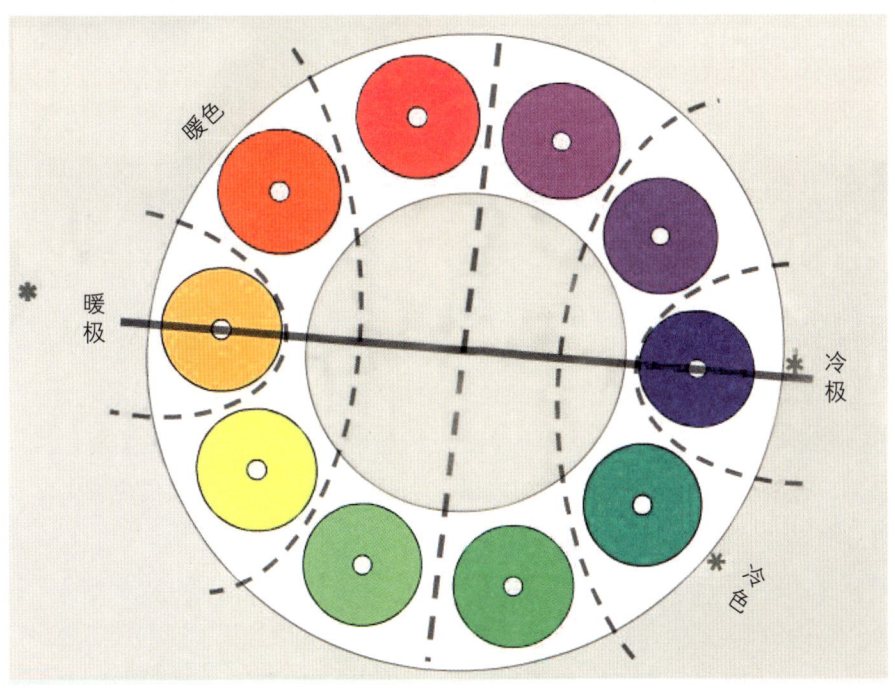

图3-24　冷暖极

4. 色彩的视觉感觉

（1）色彩的远近（前进色和后退色）。明度高暖色感觉近，明度低冷色感觉远；暖色系一般为前进色，冷色系为后退色（图3-25）。

眼睛在同一距离观察不同波长的色彩时，波长长的暖色如红、橙等色，在视网膜上形成内侧映像；波长短的冷色如蓝色、紫等色，则在视网膜上形成外侧映像。因此会形成暖色前进，冷色后退的感觉。

（2）色彩的膨胀与收缩感。前进性的暖色、明度高的色彩为膨胀色；后退性的冷色、明度低的色彩为收缩色。如法国国旗三种颜色（红、白、蓝）的比例是35∶33∶37，这样会让人达到一个视觉上的平衡，感觉这三个颜色的宽度相等。

（3）色彩的轻重感觉。白色的物体感觉轻飘，黑色的物体感觉沉重，这来源于生活。色彩的轻重主要取决于明度，高明度色彩感觉轻，低明度色彩具有重感。颜色轻重感的依次顺序是（重）黑＞低明度＞中明度＞高明度＞白（轻）。

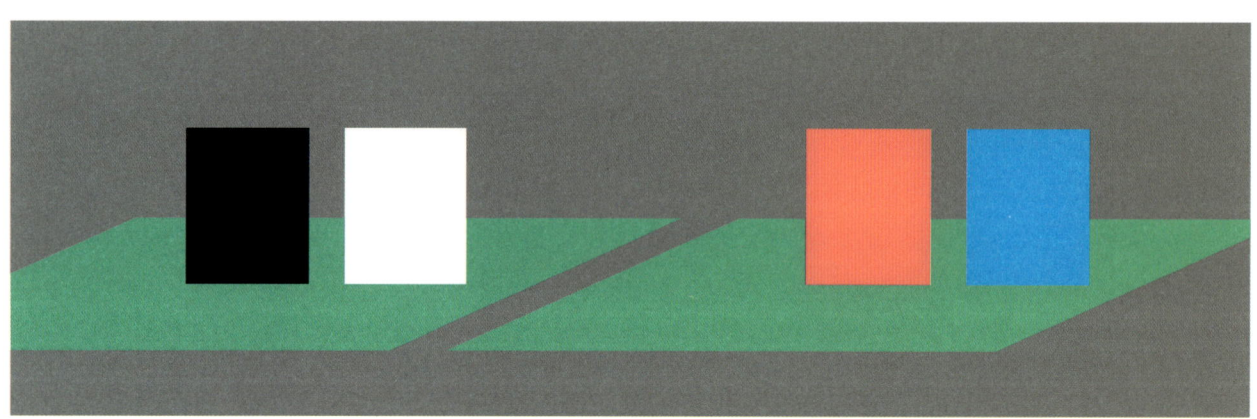

图3-25　前进色与后退色

— 补充要点 —

面积对比

1. 色调组合，只有相同面积的色彩才能比较出实际的差别，互相之间产生抗衡，对比效果相对强烈。
2. 对比双方的属性不变，一方增大面积，取得面积优势，而另一方缩小面积，将会削弱色彩的对比。
3. 色彩属性不变，随着面积的增大，对视觉的刺激力量加强，反之则削弱。因此，色彩的大面积对比可造成炫目效果。如在环境艺术设计中，一般建筑外墙、室内墙壁等都选用高明度、低纯度的色彩，以减低对比的强度，造成明快、舒适的效果。
4. 大面积色稳定性较高，在对比中，对它色的错视影响大；相反，受它色的错视影响小。
5. 相同性质与面积的色彩，与形的聚、散状态关系很大的是其稳定性，形状聚集程度高者受它色影响小，注目程度高，反之则相反。如户外广告及宣传画等，一般色彩都较集中，以达到引人注意的效果。

第二节　设计色彩中的调和关系

一、同一调和

对比强烈的两种或以上色彩因差别大而不调和时,增加或改变同一因素,赋予同质要素,降低色彩对比,这种选择统一性很强的色彩组合,削弱对比取得色彩调和的方法,即同一调和。增加同一因素越多,调和感越强。

同一调和有以下几种形式:同一明度调和(统一明度变化、色相与纯度不变);同一纯度调和(统一纯度变化、色相与明度不变);同一色相调和(统一色相变化、明度与纯度不变)。也可以理解是在一个构图里就色彩三属性而言只统一某一种属性变化,让它来强调画面,对其余两个属性理论上保持不变,起束缚、抑制作用,从而获得调和。

同一调和也包括单性同一调和和双性同一调和。

单性同一调和是同一色彩的明度、纯度或色相中之一,而变化另两个要素;双性同一调和是同一色彩的明度、纯度或色相中的两个要素,而变化另一个要素。单性同一调和中只有同一色相、变化明度和纯度才是调和的,如孟塞尔色立体中同一色相页上的调和。但同一明度、变化色相与纯度及同一纯度、变化明度和色相则不一定都是调和的。

单性同一之同一明度,明度不变、变化色相与纯度,不调和(也有可能调和)(图3-26);单性同一之同一纯度,纯度不变、变化色相与明度,不调和(也有可能调和)(图3-27)。

单性同一之同一色相,色相不变、变化纯度与明度,调和(图3-28)。

双性同一之同一明度变化,仅改变明度,纯度和色相不变,调和(图3-29)。

图3-26　单性同一明度

图3-27　单性同一纯度

图3-28　单性同一色相

图3-29　双性同一明度

双性同一之同一纯度变化，仅改变纯度，明度和色相不变，调和（图3-30）。

双性同一之同一色相变化，仅改变色相，明度和纯度不变，调和（3-31）。

双性同一之同一色相变化，增添同一色、其他明度和纯度不变，调和（图3-32）。

图3-31　双性同一色相

图3-30　双性同一纯度

图3-32　双性同一色相

- 补充要点 -

色彩的均衡

色彩均衡指一幅画中上下、左右在色彩配置上力度均衡，使画面上的色彩搭配达到一种稳定的效果。在一幅画中，色彩的平衡颇似力学中的重量比值，一斤棉花和一斤铁虽然体积不同，但重量是相等的。不同形状、面积、明暗等因素在对比和变化中所取得的稳定感，称为色彩的均衡。

均衡有对称均衡、不对称均衡两种。对称均衡又称"均齐"，在绘画中不常使用，因为过于显得四平八稳，常用在表现一种纪念性、永恒性题材的画面效果，如达·芬奇的《最后的晚餐》。不对称均衡，不是数量上的均衡，是视觉上、心理上达到均衡，获得变化中求稳定的效果。通常表现为用色彩的浓淡、面积的大小达到均衡，色彩的强弱、轻重、软硬等感觉造成种种感觉的平衡。色彩的冷暖、明暗、大小，反复交错，在变化中求统一，达到色彩均衡。

---

1. 同一明度调和

统一色彩的明度而不改变色相和纯度，使画面达到调和的方法，称为同一明度调和。具体来说就是在色相、纯度和明度三个变量中只调整明度这个变量，即在配色各方中混入白色或黑色，明度被提高或降低，绝大部分纯度会降低，色相虽然不变但个性被削弱，原来色彩间过分刺激的对比也被削弱。而且，混入的黑色、白色越多，也越容易取得调和。

同一明度调和当然包括了孟塞尔色立体中同色相、同纯度、不同明度的垂直调和。也就是已经人为地通过上述方法在同一垂直纵剖面上的各色只有明度的差别，而纯度和色相不变的色面（图3-33）。

2. 同一纯度调和

通过统一色彩的纯度，不改变色相和明度使画面达到调和的方法，称为同一纯度调和。这种调和靠色彩纯度的鲜浊来变化画面，其配色效果是调和的，有种柔和、朦胧的效果。如混入同一灰色调和，因不改变色相和明度，只有纯度的变化，使这一方式显得单调统一，刺激性减小。孟塞尔色立体中同色相、同明度、不同纯度的内面调和也属于同纯度调和（图3-34）。

3. 同一色相调和

不改变明度和纯度，通过统一色彩的色相而达到的调和称为同一色相调和。即在不同色彩中增加同一的色相或互混其中的另一色使画面达到调和的方法。将画面混入或点缀同一色相，就是将选定的两种或多种色混入另一种色，使双方都具有相同因素，使之调和统一起来，如混入同一原色或同一间色调和。同一色相调和当然也包括用黑、白、灰无彩色及金、银特殊色勾边的"连贯同一色调和"（参见下文的"分割调和"）。要强调的是灰色与任何一种或一组色彩组合，都能产生调和的效果。因此，灰色可以起到缓和的作用，可作为色彩与色彩之间的缓冲色，解决色彩（特别是对比色如原色和补色）之间不协调的现象（图3-35）。

故同一色相调和可小结如下：

（1）混入同一原色调和；

（2）混入同一灰色、白色、黑色调和；

（3）点缀同一色调和；

（4）连贯同一色调和等；

（5）互混调和，在强烈刺激的色彩双方，使一色相互混入其中的另一色，使之增加同一性。如一对互补色可以通过互混调和得到统一感，即所谓你中有我，我中有你。

同一色相调和还包括孟塞尔色立体中同一色相页上的调和。也就是在同一色相页上的各色只有明度和纯度的差别，而色相已经统一的色面，其视觉效果是调和的（图3-36）。

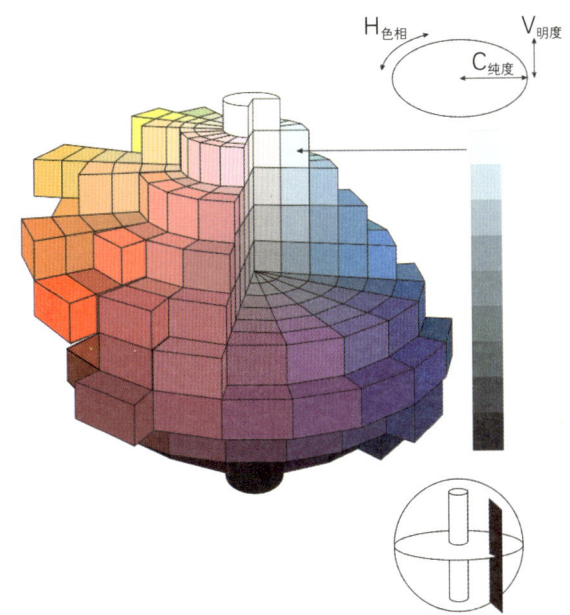

图3-33　孟塞尔垂直调和

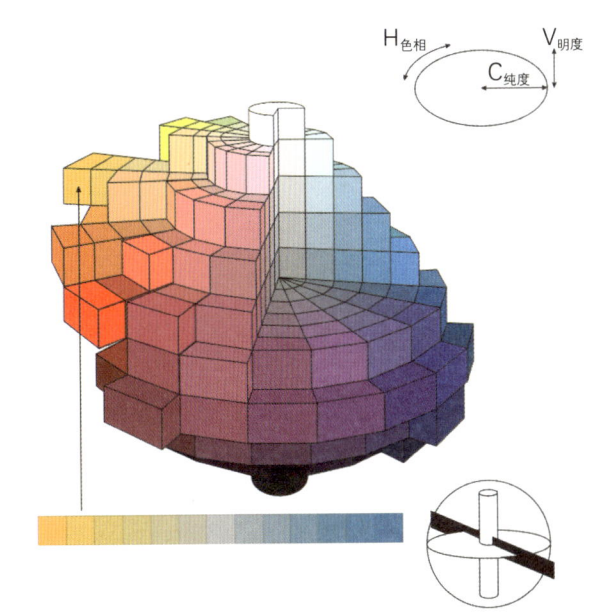

图3-34　孟塞尔内面调和

图3-35　同一色相调和

（a）

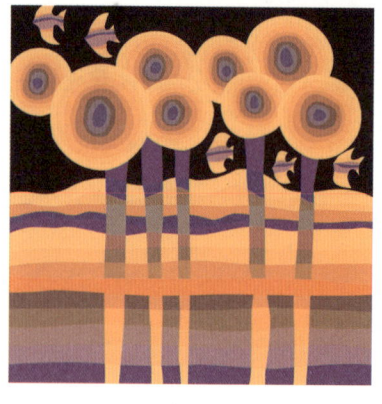

（b）

图3-36 同一色相调和的作品

（a）

（b）

图3-37 重复调和作品示意

二、重复调和

重复是构成形式法则中一种重要的方法。将两种或多种色彩的搭配作为一个单元或色形，然后将其反复排列来增加调和效果，这样的方法称为重复调和。当色相各自孤立或感觉单调乏味时，这种重复循环的节奏美可以使它拥有再生般的统一力量。这种调和方法的本质，是在缺乏统一感的配色上，重复同一个单元或色形，从而增强调和感（图3-37）。

三、色调调和

"调子"本为音乐术语，是音乐中起统筹和支配作用的音调标准。而美术绘画和设计艺术的色彩"调子"，是指以一种主色和其他色的组合搭配形成的画面色彩关系，是色彩的色相、明度、纯度、面积、冷暖等诸多因素构成的复合概念，是画面的总体色彩效果——就是构成色彩的总倾向，也称色彩基调、色彩的调子等。色调应用最多的是色彩的明度，其次是色彩和纯度。从色彩的明度上来分，有明色调、暗色调、灰色调；从色彩的纯度上分，有清色调（纯色加白或黑）、浊色调（纯色加灰）；从色性上来分，有暖色调、冷色调、中性色调；还可以从色相上来分，如紫色、浅紫、深紫和灰紫就属于紫色调。因此，色调的称谓颇多，色调不仅有统一和协调的色调，而且也包含对比和刺激的色调，没有变化没有对比的色调就是我们常说的单调。

1. 主次调和

主次调和主要是以某色的色相作为画面主体色调，这种调和强调的是色调的统一。主次调和必须以一个主调为支配、优势力量，要么是暖调，要么是冷调，以统一为前提，不要平均对待各色，这样才能产生美感。一般在画面上最显眼的色彩便是视觉上形成的主色调，是一幅画的主旋律，是起统筹和支配作用的，是具有将色彩、形状、质感等因素统一起来、为整体增加统一感的色彩。所有非主色调均为次色调，受其统筹支配。只要围绕着主色调配置和调整色彩，既可避免色彩的零乱、纷杂和不和谐的弊端，又使色彩具有统一性和规律性。从视觉心理角度去看，有时候虽然主色调不占据画面的主要面积，却能形成视觉的中心，形成画面的主次关系（图3-38）。

2. 基调调和

色彩的倾向即色彩基调。基调色是指全体的基调色彩，即占有最大面积的背景色彩，自然成为所要传达效果的基本色调。基调调和就是通过统一画面的整体基调色彩以达到调和的效果。像美丽的黄昏之所以美，是因为整个暮色被金黄色的日辉染过一层；在大雪的冬天，全体看起来是白色的冷色世界；舞台布景中在紫色的光源照射下，所有的物体都会呈现紫

(a) (b)

图3-38　主次调和

调，此时统一的感觉就出来了，紫色在这里就可称为起支配作用的"基调色"（图3-39、图3-40）。

3. 色量调和

当两种以上的颜色处于同一色彩构图时，相互间应存在怎样的面积比例，是一个早已为色彩学家重视的问题，即色量调和的问题。色量调和的特点是不需要改变色彩三要素，只改变色彩的面积和连贯同一色就能实现色彩调和的目的。

（1）面积调和。在色彩实践中，常常会发现这样的情况：面对一大片红色时，视觉上往往会感觉太刺激，而面对一小块红色时就会觉得很舒服，鲜艳而美丽。这里就包含了色彩调和与面积多少的关系。实践证明面积的调和与色彩三要素没有直接关系，它在不改变色彩三要素的变化下，也可以通过面积的增大或减小，来达到视觉上色彩的加强、减弱和调和的作用。因此，面积的调和是任何色彩配色都必须考虑的问题，如同色彩的三属性一样重要。配色中较强的色要缩小面积，较弱的色要扩大面积，这是色彩面积调

图3-39　星空与夕阳

图3-40　银装

图3-41 色量平衡比例

和的一般法则。

伊顿根据歌德的色彩面积研究认为，相等面积比例的红色与绿色能够产生中性灰色，而黄色与紫色、橙色与蓝色不能产生中性灰色，平衡的色量比例应该是：红：绿=1/2：1/2；黄：紫=1/4：3/4；橙：蓝=1/3：2/3（图3-41）。若将三组补色调和面积关系用一圆形色轮来表示，就得到了著名的"面积对比调和色轮图"。图3-42为原色和间色按调和面积的比例分配的色轮，只有严格按上面的面积并均为高纯度色，而且色相正确，经旋转才能混出中间灰色（中性灰）。

（2）分割调和。这是一种以无彩色（黑白灰）、特殊色（金银）或某一颜色去分割各个色相而达到统一美的色彩调和方法。当对比的各个色彩过分强烈刺激或色彩过分含混不清时，为了使画面达到统一调和的色彩效果，用相互连接的同一色彩加以勾勒，使之既连贯又相互隔离而达到统一的目的。分割调和实质上也是色量的再分配。分割色线的粗细根据画面的要求而定，分割连贯色越单纯，线越粗，同一的力量就越强，调和作用越明显。如中国清代高等级的和玺彩画和旋子彩画就是利用沥粉贴金线锁边来统一画面的（图3-43）。沥粉贴金的主要作用是突出线路，分清主体图案与各细部图案的关系，以达到既富丽又和谐的华彩效果。我国民间的年画和脸谱艺术，用色方式大胆，纯度极高，画面鲜明、亮丽，但却十分和谐，究其原因，主要是使用了黑、白、金等颜色勾边来协调画面的缘故。这种分割调和的特点是不用改变原有颜色的色相、纯度、明度等关系，就能协调画面，并保持原有色彩的风貌。通过这种方式，搭好了"架子"，无论再画什么细碎的图案也不显杂乱，套用多少种色彩都会协调，远距离观看也能鲜明。分割调和也可以看成是上文的"同一色相调和"的一种特殊方式（图3-44）。

图3-42 面积对比调和色轮图

图3-43 和玺彩画

图3-44 瓶子

第三节　设计色彩作品赏析

图3-45　水果静物

图3-46　花

图3-47　瓶子畅想

图3-48　放学后的教室

图3-49 雨靴

图3-50 晨光

图3-51 樱花

图3-52 雏菊（陈路）

图3-53 枯萎的百合

图3-54 日出

图3-55 零食

课后练习

1. 简述色相对比。
2. 简述明度对比。
3. 简述纯度对比。
4. 如何降低色相饱和度？
5. 简述冷暖对比。
6. 什么是同一调和？
7. 简述主次调和与基调调和的区别。
8. 自选主题，用本章节纯度对比的方法绘制一幅8开幅面设计色彩作品。

第四章
设计色彩表现形式与方法

学习难度：★★★★★
重点概念：色彩限制、色彩推移、空间混合、解构与重构

PPT 课件，请在计算机里阅读

章节导读

设计色彩对现代艺术设计专业如广告、插图、标志、设计、建筑外观、服装设计有着重要作用。它在美化生活、满足物质需要的同时，也提供了精神上的享受。正是由于色彩的特殊性，在绘画写生色彩中可以依个人喜好来运用和表现色彩，而在设计色彩中则不允许有明显的个人偏好。当人的审美观念随着时代的发展而不断提高时，设计色彩也在随着时代而不断创新。同时强调以实用为前提，注重大众接受为目的，其要求色彩效果明确、清晰、单纯（图4-1）。

图4-1　清洁用品

第一节　表现形式与方法

一、色彩限制

1. 三原色为主的色彩限制

红、黄、蓝被称为三原色，原色有两层意思：

（1）其他任何颜色都无法通过调和而产生的颜色，而这三种颜色可与其他颜色混合出色环上所有的任何一种颜色。

（2）人类学会使用颜色绘画时用的颜色，是从土质和矿物质中提炼出来的。

以红、黄、蓝为主的色彩表现作为色相相比有着重要的意义：它内含了人与自然的关系，原汁原味的表现使色彩个性特别强，色彩生命力强，不至于短期

补充要点

在作画过程中运用红黄蓝限色构成时应注意的问题

1. 为了提高色彩纯度,色与色不混合或少混合,直接用原色,以夸张强化色彩;

2. 利用底色或色线来构成画面色彩的红黄蓝倾向;

3. 红黄蓝的运用,是指并不是完全原色的红黄蓝,而是采用橘红、土黄和灰蓝来构成,也可以采用混合了白而偏浅或略灰的红黄蓝;

4. 红黄蓝为主的限制,有时可以配上其他的颜色,特别是绿色;

5. 加入黑白因素,使画面产生庄重感,或大面积的黑色背景上加入红黄蓝,这三种颜色就非常明亮。

发生变色。红黄蓝为主的限色表现在写生过程中,首先是对事物的观察和感受,从认识上逐渐强化色彩的原始性,不局限于只对外在自然的再现,而是对色彩的重新设计、整合和协调,以提高色彩的纯度,从而画面达到以红黄蓝为主的画面色彩构成(图4-2、图4-3)。

2. 同类色限制

选择画面色调基本上限于一类色,现代绘画和设计中更多的是在同类色中加入大量的浅灰色,使单纯的色彩更显调和、纯净。利用色的推移,使画面单纯的色彩产生深浅变化,这种变化往往都是一种色彩渐变的推移。采用同类色的接近色来表现画面的色调。

图4-2 夜幕下的咖啡馆(凡·高)

图4-3 花瓶、书、酒杯与葡萄

运用同类色的原理可以将色彩组织成色彩饱和度高、和谐的色调，避免画面色彩灰暗（图4-4、图4-5）。

3. 六种以下任意色的限制

六种以下任意色的限制，相对来说，这种限制在选用色彩上有一定的自由性，六种只是概念上的最高限度，超过就不是限色范围，实际上一般是限在2至4色之中。这种限色在传统的版画和印刷套色上运用广泛。受"包豪斯"影响的密斯·凡·德·罗提出"少即是多"的口号，影响了整个现代设计，采用六种以下任意色来构成画面色彩，几乎已成为现代色彩艺术的标志。色彩并非越丰富越好，有时候要删繁就简。限制色的效果简洁、醒目。

图4-4 玻璃瓶、罐子与水果

图4-5 花瓶、水果与酒瓶

— 补充要点 —

写生限制色彩表现时应注意四种情形

1. 对比色的运用，若用对比色构成，不管是纯色还是中间色，都会作为强烈的色块而显示其色的纯粹性。
2. 大面积底色配置少量色，大面积底色来控制整个画面，以整体的色明确地传递给观赏者。
3. 与黑白相配色，黑白色不是纯粹色，但限色在画面上，在黑白的支撑中显得尤为突出，都能体现出自身的魅力。
4. 相关技法，限色一般都是以平涂方法为表现，也可把平涂色彩叠加，叠加后产生了肌理的趣味性。

二、色彩推移

1. 色彩推移的特点和种类

色彩的推移是指色彩按照一定的规律进行的渐变构成形式，通过逐渐地、循序地、有规律地、有联系地变化来获得一种运动感。色彩推移使用一个色阶连着一个色阶，后一个色阶包含着前一个色阶中的主要成分的移动变化，使一个色彩不知不觉地变成另一个色彩。

一般来说，有色相推移、明度推移、纯度推移、冷暖推移、综合推移等基本形式。色彩推移的特点是具有强烈的运动感、节奏性和装饰性，有时还会产生丰富的空间变化。

（1）色相推移。色相推移指色彩按色相环的顺序，由冷到暖或由暖到冷进行渐变排列的一种形式。如按照光谱色波长顺序构成的色相推移，不管由多少色阶组成都称为"全色相推移"。为了使画面丰富多彩,色彩亦可以选用含白色或浅灰、中灰、深灰甚至黑色的色相环。自然现象中的彩虹就是一组色相推移的序列,具有美观悦目的色彩效果。色相推移可以使用2~3个纯色的重复构成,两个纯色之间可以再加上一个过渡的颜色,使推移更加流畅、自然。色相推移能够使画面产生热烈、明快的画面效果(图4-6)。

图4-7为名片的底图设计,设计者采用360°色相环上的色相推移变化,设计出近似花卉图形的色相过渡变化,这类采用色相推移的方式来表达的名片信息适用范围很广,适合设计、化妆、广告、装饰、传媒等行业的人员名片设计。

(2)明度推移。明度推移指把一种颜色加白、加黑形成的明度等差级系列色彩,由浅到深或由深到浅进行排列、组合的一种渐变形式。明度推移给人以明显的空间深度和光影幻觉。在明度推移中不宜选用明度太高的颜色,因明度太高,加白以后产生的明度级数较少,推移效果不明显。可用一色,也可用多色,但是要避免产生杂乱的感觉(图4-8)。

图4-6 色相推移(彩虹系列)

图4-7 名片底图设计

（3）纯度推移。纯度推移是一种色彩由纯色向无彩色的黑、白、灰渐次变化。构成中纯色和灰色的明度可有变化，但不宜太过悬殊（图4-9）。

（4）冷暖推移。冷暖是人对色彩联想的结果，一般来说，红、橙、黄让人联想到太阳和火，有温暖感，是暖色。蓝色、绿色让人联想到夜晚、水、蓝天，有冷的感觉，是冷色。由暖色逐渐变化到冷色或由冷色变化到暖色所组成的色彩都称为冷暖推移。冷暖推移除具有推移构成所具有的律动美之外，还具有明确的冷暖色彩对比，画面感觉活泼（图4-10、图4-11）。

（5）综合推移。综合推移指综合运用色彩的三属性，在色相、明度、纯度三个方面或两个方面都进行渐变推移的构成形式，由于有色彩三要素的多项介入，表现的效果更为丰富，但要注意整体效果（图4-12、图4-13）。

2. 色彩推移的基本构图形式

色彩推移是一种特殊的作品形式，其构图及形象组织亦有相应的特点和基本规律。

（1）平行推移（图4-14）。将色彩按照平行的垂直线、水平线、斜线、曲线或不规则进行间隔或不等间隔条纹状、有秩序地安排、处理。

（2）放射推移（图4-15）。有定点放射、同心放射和综合放射。

1）定点放射。又称日光放射、离心放射，画面应确定一个或多个放射点，然后将色彩围绕入射点等

(a)

(b)

图4-8　明度推移练习图

(a)

(b)

图4-9　纯度推移练习

角度排列、组合。

2）同心放射。又称电波放射，画面有一个或多个放射中心，将色彩从放射中心作同心圆、同心方、同心三角、同心多边等形象，向外扩散处理、安排。

3）综合放射。将定点放射和同心放射综合在一个画面中进行组织、处理。

（3）综合推移。将平行推移和放射推移的手法同时出现、安排在一个画面中，使作品的形态形成曲、直、宽、窄、粗、细等对比，构图复杂、多变、效果更为丰富。但为防止产生散、乱、花、杂的弊病，画面一般只应有一个中心或主体，或一主一次，切忌多中心和多主体。

图4-10 静物组合

图4-11 月季花

图4-12 综合推移练习

图4-13 朝阳

图4-14 平行推移　　　　图4-15 放射推移（同心放射）

三、空间混合

1. 概念与起源

空间混合是指各种颜色的反射光快速地先后刺激或同时刺激人眼。这里说的先后，是指光在人眼中留下的印象在视觉中混合，或同时或几乎同时将信息传入人的大脑皮层，因此人们的感觉是混合型的。其试验，可取一圆盘，一半红、一半绿，当高速旋转后，可以看到盘中色是金黄。若一半红、一半蓝，当盘高速旋转后，可得蓝紫，彩色电视就是这个原理，实际上荧屏上有许多比例不同的红、绿、蓝紫小色点，但因为过于细小，人眼不易分辨，待传到人的眼中时，印象已在空中混合了，故称空间混合。

十九世纪法国印象派画家的点彩画法，就是依据这个原理，用少数几种原色的色点，来组织成具有丰富色彩感觉的画面，产生鲜艳悦目的效果，是色彩空间混合的典范。然而，当对比色或多种互补色成小块状散布于画面中，由于空间混合影响，在一定空间距离上观察，色彩变灰（图4-16）。

图4-16 大碗岛的星期日下午（乔治·修拉）

2. 色彩空间混合规律

（1）凡是互补色关系的色彩按一定比例的空间混合，可以得到无彩色系的灰和有彩色系的灰。如红与青绿的混合可得到灰、红灰、绿灰。

（2）非补色关系的色彩空间混合时，产生二色的中间色。如红与青混合，可得到红紫、紫、青紫。

（3）有彩色系色与无彩色系色混合时，也产生二色的中间色，如红与白混合时，可得到不同程度的浅红。红与灰的混合，得到不同程度的红灰。

（4）色彩在空间混合时所得到的新色，其明度相当于所混合色的中间明度。

（5）色彩并置产生空间混合是有条件的。混合之色应是细点或细线，同时要求密集状，点与线愈密，混合的效果愈明显。色点的大小，必须在一定的视觉距离之外，才能产生混合。一般为1000倍以外，否则很难达到混合效果（图4-17、图4-18）。

图4-17 郊外

图4-18 天地山河

3. 空间混合部分作品欣赏

图4-19 海边的夕阳

图4-20 郊外的湖泊

图4-21 窗台

图4-22 冬天的路灯下

图4-23 含苞待放的百合

图4-24 盛开的百合

― 补充要点 ―

色彩的空间透视

物体的色彩因远近而产生明暗、强弱不同的变化，称为色彩的空间透视或空气透视。在一般情况下，我们看到远处的物体显得冷、灰、淡，主要是大气层中的微粒接受蓝天的冷色光散射，远处物体又受到空气中这种灰尘的遮挡，暖色被阻隔得较多的缘故。因而，其色光的反射能力和明暗对比都相对减弱，色调变淡、变灰和变冷了。这就是色彩在空间中产生变化的道理。相对风景写生而言，在室内进行写生，因为距离相对较近，色彩的空间透视不像风景写生那样明显，但道理是一样的，有时为了加强画面的纵深感，应适当拉大远近物体的色彩对比。

第二节　色彩解构与重构

一、解构

解构色彩包括色彩解构与色彩重构两个过程。初始阶段的解构是一个采集、过滤和选择的过程，后续阶段的重组则是将原来物象中的色彩元素注入新的组织结构中，重组产生的新的色彩形象，但仍不失原图的意境。

解构对个体的研究比对整体结构的研究更重视。而要解构色彩就是从选定的色彩对象中抽取原色并对原色所形成的原有格局进行打散重组，增减整合后再创作，具体说就是对原来的整体的色调、面积、形状重新组合和设计，抽取原作中典型的色彩个性或部件特征，按照一定的意图在新的画面上进行具有形式美的概括、归纳和重组，将原有的视觉样式纳入预想的设计轨道，重新组合出带有明显设计倾向的崭新形式（图4-25、图4-26）。

解构一词源于结构主义。结构主义是运用现代主义的词汇，却从逻辑上否定了历史上的基本设计原则（如美学原则、功能原则、力学原则）所构成的新的艺术流派，有人称之为解构主义，又有人称之为新构成主义。解构主义注重个性、部件本身，反对墨守成规的集合和总体，认为构件本身就是关键，因而对单独个体的研究比对整体结构的研究更重要。解构手法的理论依据是格式塔完形理论，格式塔德文原意为形、完形。它是指事物在观察者中心形成的一个有高度组织水平的整体。"整体"的概念是格式塔心理学的核心，它有一个重要的特征：整体在其各个组成部分的性质（大小、方位）均变的情况下，依然能够存在。

一方面分析采集来的色彩组织的成分和构成关系

图4-25　忙碌的生活

图4-26　惊恐

特征，保留原有的主要结构关系与色块的面积比例关系，保持原有的主色调、主要意向及精神特征，包括色彩的整体气氛与风格；另一方面，将原有的色彩组织结构打破，并采集其他构成元素，加入新的思维元素，组合成新的形象、新的色彩形式。重点是从变化丰富的人为色彩和自然色彩中发现新的色彩组织形式，发现形成某种风格的色彩组成规律，从而启发新的创作灵感。

色彩采集具有两方面的意义。一方面，可以培养观察力，形成审美眼光观察世界、关注生活的习惯；另一方面，可以通过观察可以拓宽视野，提高色彩审美品位，加强色彩的表现力。

美来自生活，色彩采集最重要的是深入、仔细地去观察，要以各种不同的方式和角度去感知大千世界，既要观察对象的总体色彩，也要留心对象的细节色彩。观察到有个性的色彩之后，还要运用写生、摄影、剪贴、网络下载等方法，对所需要的色彩进行提炼和整理，才能真正完成色彩的采集工作。

1. 人为色彩采集

包括传统色彩、民间色彩、绘画色彩等（图4-27、图4-28）。所谓传统色，是指一个民族世代相传的，在各类艺术中具有代表性的色彩特征。我国的传统艺术包括原始彩陶、商代青铜器、汉代漆器、陶俑、丝绸、南北朝石窟艺术、唐代铜镜、唐三彩陶器、宋代陶器等。这些艺术品均带着各时代的科学文化烙印，各具典型的艺术风格，各具特色的色彩主调和不同趣味的艺术特征。这些优秀文化遗产中的许多装饰色彩都是我们今天学习的最好范本。民间色，是指民间艺术作品中呈现的色彩和色彩感觉。民间艺术品包括剪纸、皮影、年画、布玩具、刺绣等流传于民间的作品。在这些无拘无束的自由创作中，寄托着真挚纯朴的感情，流露着浓浓的乡土气息与人情味，在今天看来，它们既原始又现代，极大地诱发了画家的创造性。绘画色，从水彩到油画，从传统古典色彩到现代印象派色彩，从拜占庭艺术到现代派艺术的色彩，从蒙德里安的冷抽象到康定斯基的热抽象等。此外，我们还应放开视线，扩展到世界这个大家

图4-27　彩陶　　　　图4-28　年画

补充要点

图片色的采集

图片色指各类彩色印刷品上好的摄影色彩与好的设计色彩。图片内容包括可能是繁华的都市夜景，也可能是平静的湖水，可能是秋林的红叶，也可能是红花绿草，可能是高耸的现代建筑物，也可能是沧桑的古城墙，可能是一堆破铜烂铁，也可能是金银钻戒等，图片的内容可以包揽世上的一切，不管它的形式和内容怎样，只要色彩美，就值得我们借鉴，就可以作为我们采集的对象。

庭中，从埃及动人心弦的原始色彩到古希腊冰冷的大理石色调，从阿拉伯钻石般闪亮的光彩到充满土质色调的非洲，从日本那审慎的中性色调到热情而豪放的拉丁美洲的暖色调等都将激发我们学习色彩的灵感。

2. 自然色彩采集

自然色彩，是自然发生而不依靠人或社会关系的纯自然事物所具有的色彩。采集自然的色彩并重新构成色彩，将自然景物，经过采集、整理，进行色彩的重新组合和再设计。浩瀚的大自然的色彩，丰富多彩，幻化无穷，向人们展示着迷人的色彩。如蔚蓝的海洋、金色的沙漠、苍翠的山峦、灿烂的星光……具体地分，有春、夏、秋、冬（图4-29至图4-32），有晨、午、暮、夜的色彩，有植物色彩、矿物色彩、动物色彩、人物色彩等。这些美丽的景色能引起人们美好的情感。历来许多摄影艺术家长期致力于大自然色彩的研究，对各种自然色彩进行提炼、归纳、分析，从取之不尽、用之不竭的大自然中捕捉艺术灵感，吸收艺术营养，开拓新的色彩思路。

二、重构

色彩采集的目的在于设计色彩的运用，色彩从采集到运用的过程就是一个色彩解构与重构的过程。色彩重构，重在色彩元素的重新组合和构成。那些美的、新鲜的色彩元素通过采集被提取出来之后，就变成了设计色彩的原材料，它们是否能够在色彩的组合中发挥作用，关键在于有没有全新的创意。

在设计色彩中，创意是灵魂、是生命。色彩重构一定要脱离原物象色彩的束缚，在形态、结构、质感、风格、功能等方面，都要脱胎换骨。同时，也需要保持原物象色彩的色彩情调、色彩比例和基本的色彩关系，不要破坏原有色彩的整体美感（图4-33、图4-34）。色彩重构的具体方法有以下几种。

1. 整体色按比例重构

将色彩对象比较完整地采集下来，抽出几种有代表性的典型的色彩，按照原有的色彩关系和色彩比例制作出相应的色标，把色彩按比例地整体运用在设计色彩中，能充分体现和保持原物象的色彩情调和美感。

2. 整体色不按比例重构

将色彩对象完整地采集下来之后，不按原有的色彩关系和色彩比例制作色标。色标中的色彩比例根据画面需要而定。色彩运用灵活，不受原物象色彩比例的限制，采集颜色可多次利用，并可进行多种色调的变化，且重构的结果仍保留一些原物象的色彩感觉。

3. 部分色的重构

在色彩对象的色彩关系当中，任意选择所需要的色彩。选择的色彩可以是一组色，也可以是一种或两种色。原物象提供色彩启示，用色不受拘束，用色结果与原物象关系不大。

4. 色彩情调的重构

根据原物象的色彩情调，做色彩"神似"的重构。重构后的色彩和色彩关系可能与原物象面貌接近，也可能有所出入，但原物象的意境、情趣不能变。原有的色彩比例和色彩关系可以有所改变，但一定要传神。能较好地反映色彩情调，但需要深刻地感受和理解色彩。

图4-29 春

图4-30 夏

图4-31 秋

图4-32 冬

图4-33 采集同种色的设计色彩

图4-34 船与白鸽

第三节　设计色彩表现方法实例

图4-35　灰调静物

图4-36　卫生间物品设计色彩

图4-37　瓶子与罐子

图4-38　鲜花、水果与衬布

图4-39　独自唱歌的女人

图4-40 送别

图4-41 远行

图4-42 冰淇淋

课后练习

1. 什么是色彩限制？
2. 简述色彩推移的特点及种类。
3. 什么是空间混合？
4. 空间混合的规律是什么？
5. 简述色彩解构与重构的概念与特点。
6. 自选照片，根据本章节空间混合的内容，完成1幅8开幅面空间混合作品。

第五章
设计色彩应用

学习难度：★★☆☆☆
重点概念：包装、标志、商业广告、设计

PPT 课件，请在计算机里阅读

章节导读

色彩能够给人最直观的视觉冲击，在人们生活中所起到的作用是无法替代的。在设计中，图形、文字和色彩是三个基本的要素，每一个元素的运用都传递作品信息，而色彩的合理应用能够有效提高作品的感染力和表现力，使设计作品更加精彩。色彩是一种语言，一种信息，色彩具有的感情，能让人产生联系，让人感到冷暖、前后、轻重、大小等。人对色彩是相当敏感的，一件设计作品最先攫取人们注意力的，就是作品的颜色，其次是图像，最后才是文字。色彩给人的印象特别强烈，所以设计师最容易通过色彩去表达他的设计意念，而身为设计师，就必须懂得和色彩沟通，了解它们。要充分展现色彩的魅力，首先必须认真分析色彩的各种因素。由于生活经历、年龄、文化背景、风俗习惯、生理反应有所区别，人们有一定的主观性，但对色彩的象征性、感情性的表现，人们有着许多共同的感受（图5-1）。

图5-1　空间混合人像

第一节　设计色彩与包装

包装是产品的外部形式，作为一种视觉传达工具，绝不是一种可有可无的东西，而是商品的脸，色彩是强化这一外部形式的重要途径。色彩可以离开包装装潢而独立存在，包装则永远离不开色彩。可见。色彩给人的印象是迅速、深刻、持久的。可以说颜色是我们每天注意到的第一件事物和忘记的最后一件事物，它是我们一切感觉和欲望的开端。

色彩在包装设计中对于激起消费者购买欲望、促进销售等方面有极大的作用。由于色彩心理的存在，也逐渐形成了色彩使用的某些规则。正如心理学家罗索·福斯坦第格所说：色彩起着一种暗示的作用，它是一种包含各种含义的浓缩了的信息（表5-1）。

表5-1　包装对颜色的需求

颜色	作用
黄、橙	被用来刺激和吸引顾客的注意力
红	强身健体的补品的代言色
紫	紫色通常给人高贵、典雅的感觉，所以用来衬托高档或奢侈品
粉	通常与女性产品联系在一起
棕、绿	绿色和棕色能引起自然和清凉的感觉，常常被用作环保产品、养生提神品的包装

一、色彩应与商品的属性相配合

根据人们对色彩的联想，选用产品的形象色表现产品的内容，是设计师常用的设计手段之一。形象色能加强商品性，更能确切直观地表现商品的外部特征，给消费者以真实感。根据商品包装的色彩，消费者能联想出包装中的商品（图5-2、图5-3）。

二、色彩要引人注目

在视觉艺术中，色彩往往具有先声夺人的力量。日本科学家发现，人们在观察对象时，无论男女老少，人对色彩比对形的注意力更强。所以有"远看色彩近看花""先看颜色后看花"之说。那么，要想抓住消费者的视线，首要解决的问题就是包装设计色彩的选择要引人注目。现在大多数人都喜欢到无人销售的超市里自己选购商品，包装商品必须在短时间内迅速吸引住消费者选购商品的视线，这样才有可能导致消费者进一步的判断和购买，这是促使商品能否热销的因素之一。

三、色彩要引起好感

能引起消费者好感的包装色彩是最后促使消费者下决心购买商品的一个重要因素。当人们看到某一具有色彩的物体时，色彩作为一种刺激，能使人们产生各种各样的感情，这是人所共知的现象。自然界色彩千千万万，可分辨的有彩色有200万~800万种，不同商品有不同的消费人群，面对不同的商品、不同的消费人群，怎样做到既能创造出有魅力的商品视觉形象，又能选择使消费者心理愉悦的色彩，是包装设计对色彩选择的特殊要求。

图5-2　橙汁

图5-3　牛奶粉

1. 化妆品类包装

化妆品类一般多用柔和的中彩度或高明度的色调。用淡绿、淡粉红、淡玫瑰色让消费者联想到自然、轻快和高洁和女性的柔美（图5-4）。

2. 医药类包装

医药类一般常用单纯的冷暖色块。多用冷灰色表示消炎、退热、镇静、止痛；用暖色表示滋补、营养、兴奋、强心及保健。绿色、蓝色的脑电波反应是放松、镇静，故用于催眠、降血压、镇痛药品的包装设计（图5-5）。

3. 茶包装

在茶包装设计中，色彩是影响视觉感受最活跃、最敏感的视觉要素之一。绿色常常是茶包装设计的首选颜色，因为绿色本身是茶树的颜色，许多茶叶冲泡后也会呈现绿色。在绝大多数人们的生活经验中，绿色是茶给人的第一视觉印象。心理学家认为，绿色是一种生存本能的颜色，它对人心理上的安静和修养有着积极的作用。宁静的绿色为我们不安的生活创造了一个必要的平衡，它引领我们进入休息，帮助我们摆脱烦躁而进入渴望中的和谐境界（图5-6）。

4. 清洁用品类包装

淡蓝色的洁净感最高，亮白次之。在家庭清洁用品如洗衣粉、漂白剂、洁具液包装中，蓝色是首选的颜色，它本身的洁净感就很强（图5-7）。

图5-4　洗发液包装

（a）　　　　　　　　　　　（b）

图5-5　医药类包装

图5-6 茶包装

图5-7 清洁用品

第二节 设计色彩与标志

在标志文化发展史上，色彩的地位是十分重要的。作为非语言形式的标志语，所要传达的信息十分有限，而色彩以其明快、醒目的视觉传达特征与象征性力量发挥着巨大的威力。由于现代社会人们的生活节奏大大加快，各种大众传媒的迅速发展，使得现代人每天都能接触到大量企业标志或商品商标标记。这就要求标志要同信号一样，具有高度的辨识性，使公众在众多标志中能够把注意力集中在某一标志中，在最短的时间里对某一标志留下深刻印象。因此，如果说包装色彩是在营销第一线接触、吸引公众的因素，那么标志色彩是最集中、最恒定的色彩识别因素。不管包装设计怎样变化，标志的色彩是相对稳定的，因此，在标志设计中采用标准色不但能够起到吸引消费者注意力的作用，而且还可以增强公众的记忆力，从而使消费者对该标志留下深刻的个性印象，并进一步熟悉记忆，引发联想，产生感情定式，建立消费信心。在商品世界中，标志色彩的神奇力量我们到处都能感受到（图5-8）。

标志图形的色彩配置着重应考虑到各种色相明度、纯度之间的关系，研究人们对不同颜色的感受和爱好。标志色彩的具体要求是用色单纯，最好用一种色彩来统一图形，否则会给人一种零乱、难识的感觉，使标志起不到应有的作用。

（a） （b）

图5-8 汽车标志

图5-9 标志色彩运用

标志色彩的配置一般有三种基本方法：一是原色配合——原色的颜色单纯、强烈、鲜艳夺目，艺术效果和传播效果显著；二是同类色配合——只选择一种颜色，采用依靠色彩明亮度变化的办法，如用橘红、橘黄、中黄、浅黄进行搭配，形成由浅入深的过渡色视觉，能表达出动态感；三是补色配合——这种色彩配置，对比鲜明，图形格外醒目鲜艳，能给人以很强的视觉冲击效果（图5-9）。

标志的色彩表现应尽可能简单鲜明，除非特别需要，一般不宜用多种色彩，以免杂乱。应根据具体的设计定位，选择最合适最恰当的色彩进行表现。绝大多数情况下标志配色为1~2种色彩，当然并非绝对，只要运用得当，偶有使用多色表现，也可取得不俗的效果。一般应选择高纯度的鲜艳颜色进行表现，以提高标志的醒目度，有时也会为追求别致的表现，采用中低纯度的色彩表现。

第三节　设计色彩与商业广告

一、设计色彩在广告中的作用

1. 视觉刺激作用

彩色广告较单色广告更能吸引人的注意力，鲜明的色彩对于瞬间出现的即刻注意起着显著的刺激作用。

2. 再现真实

彩色广告画面较之黑白画面更能逼真地再现商品的真实性，忠实地反映商品的颜色、质感、量感，展示出商品的真实面貌，并通过色彩感受引发公众的统觉心理，刺激消费需求。

3. 象征作用

广告色彩对企业或其产品的象征作用，通过商品各自独特倾向的色彩语言，使消费者更易辨识和产生亲切感。使公众或消费者一看广告的颜色基调就能估计出是哪个企业，哪种商品。

现代广告设计是由色彩、图形、文案三大要素构成的。图形和文案都不能离开色彩的表现，色彩传达从某种意义来说是第一位的。色彩在广告中的运用，设计师要表现出广告的主题和创意，充分展现色彩的魅力。广告设计色彩总的应用原则应该是"总体协调，局部对比"，也就是：整体色彩效果应该是和谐的，只有局部的、小范围的地方可以有一些强烈色彩的对比。在色彩的运用上，可以根据广告内容的需要，分别采用不同的主色调（图5-10）。

因为色彩具有象征性，例如：嫩绿色、翠绿色、金黄色、灰褐色就可以分别象征着春、夏、秋、冬。其次还有职业的标志色，例如：军警的橄榄绿，医疗卫生的白色等。色彩还具有明显的心理感觉，例如冷、暖的感觉，进、退的效果等。另外，色彩还有民族性，各个民族由于环境、文化、传统等因素的影

（a）

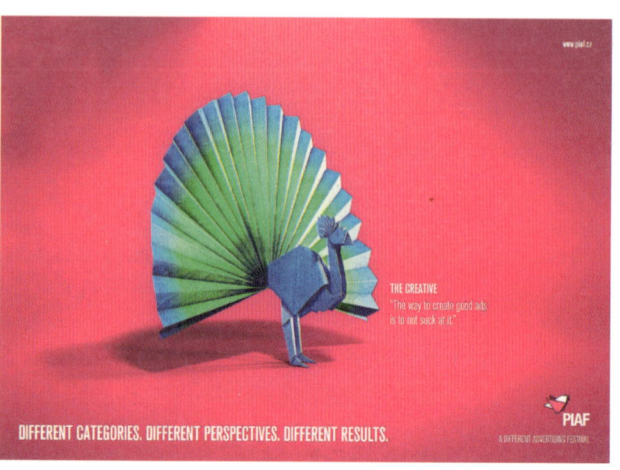

（b）

图5-10　广告设计

响，对于色彩的喜好也存在着较大的差异。充分运用色彩的这些特性，可以使广告具有深刻的艺术内涵，从而提升广告的文化品位。

二、常用的配色方案

1. 暖色调

暖色调即红色、橙色、黄色、赭色等色彩的搭配。这种色调的运用，可使广告呈现温馨、和煦、热情的氛围。

2. 冷色调

冷色调即青色、绿色、紫色等色彩的搭配。这种色调的运用，可使广告呈现宁静、清凉、高雅的氛围。

3. 对比色调

对比色调即将色性完全相反的色彩搭配在同一个空间里。例如红与绿、黄与紫、橙与蓝等。这种色彩的搭配，可以产生强烈的视觉效果，给人亮丽、鲜艳、喜庆的感觉。当然，对比色调如果用得不好，会适得其反，产生俗气、刺眼的不良效果。这就要把握"大调和，小对比"这一个重要原则，即总体的色调应该是统一和谐的，局部的地方可以有一些小的强烈对比。

最后，还要考虑背景色的深、浅。底色深，文字的颜色就要浅，以深色的背景衬托浅色的内容；反之，底色淡的，文字的颜色就要深些，以浅色的背景衬托深色的内容。

第四节　设计色彩与网页设计

网页页面中总是由具有某些内在联系的各种色彩，组成一个完整统一的整体，形成画面色彩总的趋向，称为色调，也可以理解为色彩状态。色彩给人的感觉与氛围，是影响配色视觉效果的决定因素。当画面中含有过于强烈的对比色彩时，可以加入黑色进行调和。黑色可以稳住跳跃的色彩，使画面和谐，利于达到统一的视觉效果。同时，黑色给人以稳重的心理感觉，常与其他的色彩搭配。白色和灰色常用来做背景色，它们对视觉没有刺激，适合阅读（图5-11）。

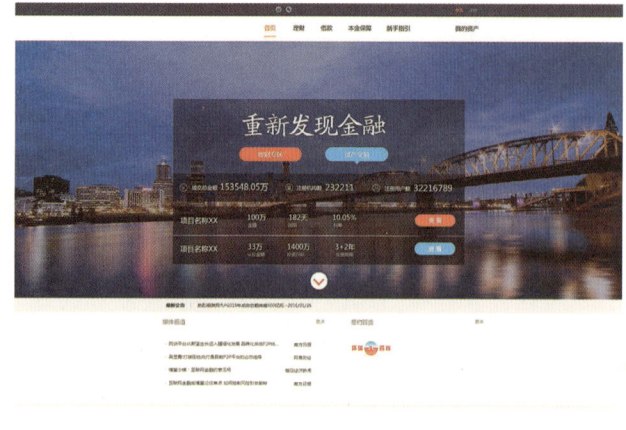

（a） （b）

图5-11　网页设计

第五节　设计色彩与室内装饰

色彩在室内装饰中十分重要，它是人类视觉中最响亮的语言符号。你留心时会发现，有的人家尽管装修很豪华，可总给人视觉上的感受不舒服，很重要的原因之一就是室内装饰色彩不统一，即室内各部分如卧室、客厅、厨房、卫生间的色彩与装饰物色彩搭配不协调，破坏了居室装饰给人们带来的视美感，出现了一种拼凑的效果。

色彩的设计统一在室内装饰中起着改变或者创造某种格调的作用，会给人们带来某种视觉上的差异和艺术上的享受。所以，色彩对人们产生的第一印象是室内装饰设计不能忽视的重要因素，了解不同色彩所产生的不同功能及人们自身对色彩的要求的重要作用是不言而喻的。

色彩由于其自身具有的物理性质，会直接或间接地影响人的情绪、精神和心理活动。有些色彩使人悲哀，有些色彩使人振奋。不同色彩通过人的视觉反应到大脑中，除了能引起人们产生阴暗、冷暖、轻重、远近等感觉外，还能产生兴奋、忧郁、紧张、轻松、烦躁、安定等心理作用，不同的颜色对人们生理上的刺激是不同的。在室内装饰设计上，奶油色使人觉得可爱、天真、朴实；黄色、橙色使人轻松、活泼；红色使人兴奋，给人以大胆、强烈的感觉；粉红色让人觉得浪漫气息浓厚；玫瑰色、淡紫色让人觉得充满雅致、神秘、优美的情调；绿色充满生机，寓意青春和希望，象征春天的新生；深咖啡色、橄榄色产生稳重、沉着的感觉；蓝色则给人带来轻松、凉爽的作用；白色产生一种冷峻、庄严、纯洁的意境。把这些应用到室内装饰中，色彩的功能就是能满足视觉享受，调节人们心理情绪，调节室内光线强弱，调整空间大小远近，体现人们的生活习惯。

色彩的表现力是十分丰富的，不同家庭对各自的室内气氛各有不同的格调要求。由于人们职业、地位、文化程度、社会阅历、年龄、性别、生活习惯等条件的不同，形成了千差万别的审美情趣，设计装

（a） （b）

图5-12 室内设计

饰、创造出了各具特色的室内环境氛围。

1. 整体效果规律

从居室的天花板、墙面、地面主方向统一构思考虑；从客厅、厨房、卫生间、卧室、阳台统一布局考虑；从家具、陈设饰品数量、摆放统一安排考虑，确定一个主色调，其他饰物的颜色都要服从这一主色调。

2. 色彩感情规律

不同的色彩会给心理带来不同的感觉，所以在确定居室与饰物的色彩时，要考虑人们的感情色彩。比如，黑色一般只用来作点缀，试想，如果房间大面积运用黑色，人们在感情上恐怕难以接受，居住在这样的环境里，人的感觉也不舒服。

3. 需求差异规律

不同职业、不同爱好、不同年龄的居住者对房间装饰色彩的要求是不一样的。如老年人适合具有稳定感的色系，沉稳的色彩有利于老年人身心健康；青年人适合对比度较大的色系，让人感觉到时代的气息与生活节奏的快捷；儿童适合纯度较高的浅蓝、浅粉色系；运动员适合浅蓝、浅绿等颜色以解除兴奋与疲劳；军人可用鲜艳色彩调剂军营的单调色彩；体弱者可用橘黄、暖绿色，使其心情轻松愉快。

色彩在房间装饰中产生的美化作用既有一般规律可循，又不能千篇一律，要根据自身特点和房间情况来具体运用。这里介绍的色彩主要运用在房中大面积的装饰物中，比如，床上用品、布艺、窗帘等。

每个人的个性、爱好和房间的用途是选择色彩的重要依据。房间色彩设计选择应该说是个性与用途的圆满结合。根据房间不同部位的功能来选择色彩。不分具体的部位、特点，不考虑色彩的冷暖、阴暗、轻重、远近等感觉，简单地把整个居室装饰色彩划一是十分忌讳的（图5-12）。

第六节　设计色彩与服装设计

在服装设计中,色彩起到了视觉醒目作用,人们首先看到的是颜色,其次是服装造型,最后才是服质材料和工艺问题,所以服装色彩作为服装的组成部分,具有十分重要的意义。色彩在服饰中是最响亮的视觉语言,而常常以不同形式的组合配置影响着人们的情感,同时色彩是创造服饰整体艺术氛围和审美感受的特殊语言,也是充分体现着装者个性的重要手段。因此,色彩是表达情感的一门艺术,可以说色彩是整个服装的灵魂(图5-13)。

(a)

(b)

图5-13　服装设计

第七节　色彩组合在平面设计中的运用

一、主调与变化

设计作品中一般有多种色彩。为了获得统一的整体色彩组合效果，要根据作品主题和视觉诉求的需要，选择一种居于支配地位的色彩作为主调色彩，并以此构成画面的整体色彩倾向。主调好似乐曲中的主旋律，决定着广告给受众的主要感受，是充满生机活力的还是悲怆低沉的，是华丽轻柔的还是坚实朴素的，也就是说，色彩主调在形成广告的风格上起着举足轻重的作用，确定主调是决定平面设计作品色彩组合成败的首要因素。

色彩主调的确立，首先需要确定在画面上占据最大面积的色彩。最大面积的色彩确定之后，再按照色彩组合（包括色相、明度、纯度等方面的组合）的原则，就可以获得能体现不同感情倾向的总体色调。确定主调色彩，首先考虑广告产品的功能特点，其次要根据广告产品的特点与受众心理，确定主调色彩的效果的气氛，是充满活力的，还是庄重宁静的，是热烈欢快的，还是含蓄深沉的。

二、调和与对比

色彩的调和是指色彩之间差别太小，有较多的共同因素，给人协调统一的感觉。如相同色相的配色，相似色相的配色，相同纯度的配色等。色彩的调和，首先要统一，保持色彩与色彩之间在色相、纯度等方面的某些共性。将这些存在共性的色彩加以组合配置，就会产生色彩的调和感。色彩调和容易形成统一的色彩基调，以加深观者的色彩印象。

设计作品画面色彩的调和与对比，并不自相矛盾，而应该统一于一个整体。一般说来，画面主体与陪体之间的色彩是调和关系，画面主体与背景之间是对比关系。陪体可以烘托主体，背景可以突出主体，容易形成强烈的视觉冲击力。

三、节奏与韵律

节奏原是音乐术语，指有规律的重复、交替。在平面设计作品的色彩组合中，节奏是指表现在色彩的重复、交替和渐变所形成的一种空间运动感，如疏密、大小、强弱、反正等形式的巧妙配合，能使画面产生多种多样的节奏感，给视觉带来一种有生气、有活力、跳跃的色彩效果，减少视觉疲劳，使人心理上产生快感。

色彩的节奏与韵律有三种主要形式：反复、交替、渐变。

1. 反复

反复是连续出现几次同一色彩的色相、明度、纯度的强弱变化等，产生一种具有动势的抑扬起落的色彩调子，构成丰富而有秩序的视觉效果。在视觉传达上，反复的节奏可以取得非常有力的诉求效果。

2. 交替

交替是连续出现同一色彩，与反复的区别在于，交替在连续出现的同一色彩之间要插入别的色彩以作间隔。它能起到反复刺激受众视觉的作用，同时又有一定的间歇。

3. 渐变

渐变是指在平面设计画面中多色配合的阶段性次第变化，犹如音乐音阶一样，让色彩产生逐渐变化的状态（比如明暗、强弱、深浅的变化），其形态由大到小，或由小到大地逐渐移动。渐变不但色彩形状（面积）要按一定的秩序，而且不断产生向某一方向的变化。

我们面对一个平面设计标的想要达到一个好的视觉效果，就不仅仅要把注意力放在创意与图形、文字及版式设计等方面，还要将部分精力集中在色彩运用及表现方面。在这方面不仅着重色彩感情规律在平面设计中的作用，而且还要注意色彩组合在设计中的运用。只有将这两方面逐一做好，才能使一个好的设计标的显现出它最好的表现力。

课后练习

1. 简述色彩在包装上的应用。
2. 简述色彩在标志上的应用。
3. 简述色彩在商业广告上的应用。
4. 简述色彩在网页设计中的应用。
5. 简述色彩在室内设计中的应用。
6. 简述色彩在服装设计中的应用。
7. 简述色彩组合在平面设计中的应用。

第六章
设计色彩绘画与欣赏

学习难度：★★★★☆
重点概念：绘画技法、运笔、赏析

章节导读

在学习的过程中，借鉴优秀作品是一个快速提升自己能力的好方法，我们通过对优秀作品的鉴赏，可以提高审美能力与欣赏水平，也可以从对优秀作品的学习中，摸索出自己的风格与特点（图6-1）。

图6-1　美味午餐

第一节　设计色彩绘画方法

一、静物色彩画步骤

1. 观察、确定构图

观察静物整体摆放，在脑海里形成第一印象，思考画面中物象之间的各种关系，研究构图布局、形体比例、结构、明暗关系和色彩效果等，为正式开始作画打下良好的基础。注意要确定好作画种类，本案例为静物水粉画（图6-2）。

2. 绘制轮廓

把主物体放在画面的三分之二处，兼顾空间深度与透视关系，考虑完后，开始用颜色起稿，这时线条要轻勾，轮廓也要简捷、准确（图6-3）。

3. 薄涂阶段

用稀薄的颜色去画色彩大关系，从主体物画起或从暗部明暗交界线画起，把暗部颜色尽量一次画准，避免反复调整，兼顾背景，再画中间色，逐步向亮部推移，最后加高光（图6-4）。

4. 铺大色调

组织整个画面的色调，准确画出物体的冷暖关系，比较出画面最亮、最暗等部分。铺色时要采用先湿后干、先薄后厚、先深后浅的步骤，谨慎使用白粉，使各部分衔接自然，主体突出（图6-5）。

5. 深入刻画

此阶段要重点解决主体部位的局部刻画，对具体细节逐步充实，通过比较一个局部一个局部地完成。抓住主体部位进行深入，通过细节刻画充分表现质感，使色彩关系更加丰富（图6-6）。

6. 调整至完稿阶段

进一步从整体造型和艺术处理上去检查绘画作品，强调整体的统一并适当加强、削弱，处理好空间层次关系，使虚实关系得当，最终让画面主体突出并具有表现力（图6-7）。

二、风景色彩画步骤

1. 选定景点、确定构图

选好绘画风景，确定画幅比例，分析景物明暗关系和色彩效果等，着手构图。注意要确定好作画种类，本案例为风景水粉画（图6-8）。

2. 起稿

画面起稿，打出轮廓，注意透视、结构要准确，尽量画具体点，留心各部分的造型特征，画出各个

图6-2 参考照片

图6-3 绘制轮廓

图6-4 薄涂

图6-5 铺大色调阶段

部分的大小、高低、繁简、虚实，要注意搭配（图6-9）。

3. 分清明暗层次

弄清画面明暗层次，色块分布。注意线与线、面与面、体与体、色与色之间的和谐统一（图6-10）。

4. 铺大体色

取由浅入深的方法给画面铺上大体色调，一般是从天空与远处的景物画起，画第一遍色时采用湿画法。抓住大的色调，在一些纵深感比较强，透视比较大的构图中，应该注意中、远景的衔接。（图6-11）。

图6-6　深入刻画

图6-7　调整至完稿阶段

图6-8　参考景点照片

图6-9　起稿

图6-10　分清明暗层次

图6-11　铺大体色

5. 深入刻画

进一步深入刻画，把画面结构、明暗及细节逐步刻画出来。注意景物的虚实关系，近景实些，远景虚些，中心实些，旁边虚些，这样才突出重点，使画面更具美感。（图6-12）。

6. 调整至完稿

经过深入刻画后，再回过来，看看是否达到了第一印象的效果，以及是否有太跳动的不协调的地方等，改动尽量要少，直至达到最终满意效果（图6-13）。

三、人物色彩画步骤

1. 选定人物对象、确定构图阶段

选好人物对象，确定画幅比例，分析人物五官结构特征、背景环境等，着手构图。注意要确定好作画种类，本案例为人像半身像水彩画（图6-14）。

2. 起稿

用铅笔或颜色勾出人物大的动态线和轮廓线，将头顶、肩宽位置、手的位置以及人物中心对称轴线画出，当然这条轴线是不存在的，只是为了观察方便（图6-15）。

3. 明暗关系刻画

在比较整体观察方法上画出五官位置及特征，加强主体的明暗转折关系，作示意性的描绘，点到为止。衣服的描绘要符合人体结构，主线清晰，五官要注意轮廓的透视关系，要等大的构图位置安排好后再画五官，用笔要准确、简练（图6-16）。

4. 铺大体色阶段

一开始先用水使纸湿润，等纸上无水的反光之后才开始着色。上色顺序是淡色—主体色—变化色—深色。中间步骤可有顺序地反复穿插进行，以便造成画面效果的生动与自然。主体周围的界线要画模糊些，虚实相生，明暗对比由弱渐强。五官基本确定后，再画头发、衣服和背景大的色块，注意手的形状与大小，这一步尽量使用大笔触。若长期作业，可将色彩对比加强一些，在深入过程中将色彩调准（图6-17）。

5. 深入刻画阶段

深入阶段要对面部五官进行重点刻画，头发与脸部的对比关系要拉开。五官在深入时，细节的增加要注意透视关系，加强头、颈、胸三大块的空间关系和穿插关系的处理，分析光源的方向和强弱，暖色与冷色在亮部、暗部、明暗转折处分别产生怎样的影响，要注意环境光，不应改变主色调和光源色，即使很强的反光也应将它减弱。在细节的刻画当中应讲究用笔，控制水分的量和流向，用笔要有艺术表现力，才能显示出水彩画的特点。深入过程是从局部到整体再由整体到局部反复调整的过程，局部深入的目的是使整体形象丰富（图6-18）。

6. 调整至完稿阶段

经过数遍甚至更多的深入刻画，人物的性格特征和五官的素描关系、色彩关系都具体起来，水彩的特点随之明显。这一步就是对以上的各种关系作最后的调整，达到完美的效果。这个阶段大多脱离模特，依赖于主观的艺术处理。深入阶段是基本功的体现，而总体效果更多地表达了个人的艺术修养（图6-19）。

图6-12 深入刻画阶段

图6-13 调整至完稿阶段

图6-14 参考人物对象

图6-15 起稿

图6-16 明暗关系刻画

图6-17 铺大体色

图6-18 深入刻画

图6-19 调整至完稿

第二节　设计色彩绘画作品赏析

干画法是设计色彩写生、创作中常用表现技法，干画法的表现方式是不断地叠加色彩颜料，这对初学者提高水平十分有效，通过不断思考技法的变化，不断尝试着调色，边画边修改，能不断提高画面的效果。但是要注意，每一笔都要经过慎重思考，以免长时间徘徊在一个局部，始终无法得到满意的效果。

图6-20与图6-21这两幅作品是对风景的变化写生，浑厚的笔触能表现出自然景观的大气，色彩稳重，将云朵表现出体积感，色彩变化微妙，对道路的延伸进行了很好的虚实处理。设计色彩并不是绘画色彩，不必对风景进行完美的写实，只要能正确处理微妙的色彩关系，找准色彩倾向就是正确的表现手法。

装饰画法是比较简单的设计色彩表现手法，它沿袭装饰图案的表现方法，将绘画对象全部平面化，对色彩边缘进行描边处理，赋予色彩时对运笔的技法也没有太高的要求。这种画法适合视觉传达设计与装饰设计专业学生练习色彩感觉。

图6-22这3幅作品都是对静物的色彩表现，色彩看似很卡通，但是相同静物的色彩是不同的，至少都会进行调色处理，区分它们之间的关系。黑色的轮廓不是随意描绘，而是要根据静物的体量和在画面中的位置关系来选择不同的粗细。

油画颜料有很强的表现能力，在调和过程中能表现得非常细腻。用于设计色彩练习时往往比较花费时间，但是油画颜料的纯度比较高，多种颜色相互调和后能形成很微妙的变化。

图6-20　归途

图6-21　旅行

(a)

(b)

(c)

图6-22 静物组合

图6-23运用油画颜料不断堆积的技法，将一幅比较平整的构图变得具有一定的立体效果，黑色轮廓对边缘界定后更能体现出作品的装饰性与空间感。

图6-24对帽子的表现具有很强的体积感，黑色礼帽接受来自周边环境光色的影响，色彩变得比较丰富，背景墙面的灰白色色调处理得很微妙，既平整又富有变化。

点彩法对设计彩色的表现很耐人寻味，通过笔触的点绘来表现对象的形体与画面的空间关系，看似简单，其实对色彩的调配仍然要求很严格，如果调色不准仍然会影响色彩的表现效果。

图6-25的两幅作品运用水粉颜料，采取点彩法来表现静物与花卉，是在传统绘画的基础上进行的创新。尤其在表现花卉时，点笔触能将花卉的色彩表现得十分丰富，背景虽然单一，但是通过点笔触也能进一步深入画面关系，形成丰富的视觉效果。

湿画法是水彩与水粉画的特色技法，其中用水彩来表现会更淋漓尽致，但是水彩的着色覆盖性能较弱，水粉颜料可以将颜色画得很深。

图6-26在水线以下运用水彩的湿画法表现出畅快的混合效果，凸显了海底浑然一体的视觉效果。而水线以上就采取干画法，显得笔触紧张紧凑，通过技法来区分这种天水对比的效果。

图6-27运用湿画法表现五彩斑斓的天空夜色，红色与蓝色融合得惟妙惟肖，用干画法来表现干枯的树木，这种软硬结合的表现方式也形成了强烈的对比，具有很强的视觉冲击力。

图6-23 课间

图6-24 礼帽

（a）

（b）

图6-25 静物与花卉

图6-26 航行

图6-27 星夜

第三节 优秀设计色彩作品欣赏

(a)

(b)

图6-28 水果与玻璃瓶

图6-29 光阴岁月

图6-30 大好河山

图6-31 瓶子、水果与花卉

图6-32 水果、花瓶静物组合

图6-33 星夜与百合(余卓淳)

图6-34 蓝色与黄色的组合

图6-35 引路灯

图6-36　楼梯

图6-37 和服

图6-38 乐器

课后练习

1. 根据本章的作品欣赏，自选1幅作品临摹。
2. 自选主题，完成1幅4开设计色彩作品。

参考文献 REFERENCES

[1] 郭舒湲. 色彩基础［M］. 北京：中国劳动社会保障出版社. 2014.

[2] ［美］保罗·泽兰斯基,［美］玛丽·帕特·费舍尔. 色彩［M］. 李娟等，译. 桂林：广西美术出版社，2008.

[3] 盛希希. 设计色彩基础教程［M］. 北京：北京大学出版社，2012.

[4] 史喜珍. 设计色彩［M］. 北京：机械工业出版社，2009.

[5] 陆琦. 从色彩走向设计［M］. 杭州：中国美术学院出版社. 2004.

[6] 金纬，袁珑. 色彩写生的画理与画法［M］. 北京：中国建筑工业出版社，2005.

[7] 崔唯. 作为生产力的色彩［J］. 装饰. 北京：装饰杂志社，2005.

[8] 朱磊. 设计色彩［M］. 长沙：湖南大学出版社，2015.

[9] 汪臻. 设计色彩［M］. 北京：清华大学出版社，2013.

[10] 刘小超，张天舒. 设计色彩［M］. 天津：天津大学出版社，2015.

[11] 甘兴义. 水彩水粉色彩表现［M］. 武汉：华中科技大学出版社. 2011.